D0836141

Mastering
POLISH

Audio CDs

Mastering Polish: Disc One

1. Preface & Guide to Pronunciation
2. Chapter 1: Conversation One
3. Chapter 1: Conversation Two
4. Chapter 1: Formal Address
5. Chapter 2: Conversation One
6. Chapter 2: Conversation Two
7. Chapter 2: Asking a Question
8. Chapter 2: Exercises
9. Chapter 3: Conversation One
10. Chapter 3: Conversation Two
11. Chapter 3: Exercises
12. Chapter 4: Conversation One
13. Chapter 4: Conversation Two
14. Chapter 4: Exercises
15. Chapter 5: Conversation One
16. Chapter 5: Conversation Two
17. Chapter 5: Exercises
18. Review & Test for Chapters 1-5
19. Chapter 6: Conversation One
20. Chapter 6: Conversation Two
21. Chapter 6: Exercises
22. Chapter 7: Conversation One
23. Chapter 7: Conversation Two
24. Chapter 7: Telling Time
25. Chapter 7: Exercises
26. Chapter 8: Conversation One
27. Chapter 8: Conversation Two
28. Chapter 8: Exercises
29. Chapter 9: Conversation One
30. Chapter 9: Conversation Two
31. Chapter 9: Exercises
32. Chapter 10: Conversation One
33. Chapter 10: Conversation Two
34. Chapter 10: Exercises
35. Review & Test for Chapters 6-12

Mastering Polish: Disc Two

1. Chapter 11: Conversation
2. Chapter 11: Exercises
3. Chapter 12: Conversation
4. Chapter 12: Dictation
5. Chapter 13: Conversation
6. Chapter 13: Exercises
7. Chapter 14: Conversation One
8. Chapter 14: Conversation Two
9. Chapter 14: Exercises
10. Chapter 15: Conversation
11. Chapter 15: Exercises
12. Review & Test for Chapters 11-15
13. Chapter 16: Conversation
14. Chapter 16: Exercises
15. Chapter 17: Conversation
16. Chapter 17: Exercises
17. Chapter 18: Conversation
18. Chapter 18: Exercises
19. Chapter 19: Conversation
20. Chapter 19: Exercises
21. Chapter 20: Conversation
22. Chapter 20: Exercises
23. Chapter 21: Conversation
24. Chapter 21: Exercises
25. Review & Test for Chapters 16-21

HIPPOCRENE MASTER SERIES

Mastering POLISH

with 2 Audio CDs

Albert Juszczak

HIPPOCRENE BOOKS, INC.
New York

Copyright © 1993 Hippocrene Books, Inc.
Fifth Printing with CDs, 2010.

All rights reserved. No reproduction, copy, or transmission of this publication may be made in any form without written permission.

For information, address:
HIPPOCRENE BOOKS, INC.
171 Madison Ave.
New York, NY 10016
www.hippocrenebooks.com

ISBN-10:0-7818-1065-5
ISBN-13:978-0-7818-1065-4

Printed in the United States of America.

TABLE OF CONTENTS

Introduction 13
Guide to Pronunciation 16

TEACHING UNITS 19

Chapter 1 21

Conversation I: Customs and Immigration
Conversation II: Getting a Taxi
Formal Address
Informal Address
Grammatical concepts:
The verbs *być* and *mieć*
Nouns—gender, number and case
Declension of nouns, examples: masculine singular, feminine singular, neuter singular
Agreement of adjectives with nouns
Declension of adjectives: masculine, feminine, and neuter singular
Exercises

Chapter 2 30

Conversation I: Getting a Room at the Hotel
Conversation II: Making Friends
Asking a question
The 3rd conjugation verbs *czytać, nazywać się, słuchać, powtarzać, mieszkać, rozmawiać*
Personal pronouns and their declension
Expressing possession and lack of it (the genitive case, and the genitive case with *nie ma)*
Exercises

Chapter 3 40

Conversation I: Asking for Directions to the Restaurant
Conversation II: Dining out
The 2nd conjugation verbs *robić, chodzić, lubić,*
nudzić, suszyć, ćwiczyć, prosić
The reflexive verb
Demonstrative pronouns
Masculine inanimate declension (*dom, stół*)
The numerals 1 to 30
Exercises

Chapter 4 48

Conversation I: A Stroll in the Park after Dinner
Conversation II: Bedtime
The 1st conjugation verbs *pisać, budować, dostać,*
jechać, kopać, gotować, kosztować
Possessive pronouns
The adverbs *mało, lekko, słabo, cicho, głośno*, etc.
The accusative case
Ordinal numbers
Exercises

Chapter 5 61

Conversation I: A Trip by Train to Visit Relatives
Conversation II: In the Relatives' Country House
The 4th conjugation verbs *jeść, śmieć, umieć,*
wiedzieć, rozumieć
The interrogative/relative pronouns (*jaki, jaka, jakie*)
How to deny things (use of the negative particle *nie*)
Masculine nouns ending in -a
Days of the week
The instrumental case
Exercises

Review and Self-Assessment Test for Chapters 1—5 **73**

Section I Reading Comprehension
A. Answer the question after listening
to the tape (10 questions)
B. Dictation. Write down what you hear on the tape.
(2 paragraphs, approximately 100 words).

Section II
A. Conjugation of verbs in the present tense
(5 fill-in sentences).
B. Declension of nouns (the nominative singular through
the instrumental singular) 5 fill-in sentences.
C. Personal possessive and relative pronouns
(10 fill-in sentences)

Chapter 6 **75**

Conversation I: At the Town Market
Conversation II: A Tour of the Farm
Verbs: the perfective and imperfective aspect
(*robić* vs *zrobić*, etc.)
Declension of some important nouns: *ręka, męka,*
brat, dziecko (and a few others)
How to ask questions
The names of the months
The numerals 40 to 100
Exercises

Chapter 7 **86**

Conversation I: An Accident: Going to the Hospital
Conversation II: Goodbyes
The past tense of verbs
The locative case
Telling time
The possessive function of *jego, jej,* and *ich*
Giving an order (the imperative)
Exercises

Chapter 8 97

Conversation I: Buying Presents and Souvenirs
Conversation II: A Business Trip to Kraków
Verbs: The past tense, continued
The vocative case
Masculine nouns in the plural, an overview
Adjectives in agreement with masculine plural nouns
Exercises

Chapter 9 110

Conversation I: At the Jagiellonian University
Conversation II: A Meeting with the Rector
Verbs: The future simple tense
Feminine nouns in the plural
Adjectives in agreement with feminine plural nouns
Exercises

Chapter 10 122

Conversation: A Side Trip to Gdańsk
Verbs: The future tense, continued
Neuter nouns in the plural
Adjectives in agreement with neuter nouns
The nominative plural
The verb *móc* in the three tenses
Exercises

Review and Self-Assessment Test for Chapters 6—10 132

Section I Reading Comprehension
A. Answer the question after listening to the tape
(10 questions)
B. Dictation. Write down what you hear on the tape.
(2 paragraphs, approximately 100 words + 1 short poem)

Section II
A. Perfective and imperfective aspect (5 fill-in sentences)
B. The past tense (5 fill-in sentences)
C. The future simple tense (5 fill-in sentences)
D. The locative and vocative cases (5 fill-in sentences)
E. Adjectives in agreement with plural nouns (5 fill-in sentences)
F. Telling time, and asking about months (5 fill-in sentences)

Chapter 11 **134**

Conversation: At the Auto Repair Shop (On the Way Back from Gdańsk)
The plural of masculine nouns ending in *-a*
Expressing preference
The comparative degree of adjectives
Exercises

Chapter 12 **144**

Conversation: Visiting an Art Gallery (Zachęta)
Verbs of motion (*iść, chodzić, jechać, latać, pływać, biegać*, etc.)
The superlative degree of adjectives
Expressing needs (*potrzeba mi, brak mi, chcę*, etc.)
The genitive plural
Exercises

Chapter 13 **155**

Conversation: Attending a Concert
Verbs of motion, continued
Impersonal phrases
The reflexive pronoun *siebie*
The dative plural
Expressing opinions (*sądzę, że; myślę, że; wydaje mi się, że;* etc.)
Exercises

Chapter 14 **166**

Conversation I: Preparing for a Party
Conversation II: At the Party
Verbs: The reflexive voice (verbs with *się*)
The prefixes *do* and *za* with verbs of motion
Plural declension of masculine (i.e. human male) nouns ending in *-i, -owie* (*sąsiad, student, syn, ojciec, mąż* etc.)
Asking questions without using the particle *czy*
Exercises

Chapter 15 **176**

Conversation: On Foksal Street
Verbs: the past participle, the passive voice
The prefixes *na* and *u* with verbs of motion
The accusative plural
Relative clauses with *który*
Declension of *dwa, trzy, pięć*
Exercises

Review and Self-Assessment Test for Chapters 11-15 **189**

Section I Reading Comprehension
A. Answer the question after listening to the tape (5 questions)
B. Dictation. 2 paragraphs, approximately 100 words + a short dialogue from a play by Fredro

Section II

A. Verbs of motion with and without prefixes (4 fill-in sentences)
B. The comparative and superlative degree of adjectives (5 fill-in sentences)
C. Expressing needs and opinions (5 fill-in sentences)
D. Nouns in the plural cases (5 fill-in sentences)
E. Asking questions (5 sentences)

Chapter 16 191

Conversation: Discussing a Famous Author's Evening
Verbs: The imperative mood
The prefixes *pod* and *przy* with verbs of motion
Indicating generalities
(use of the indefinite particle *-ś*)
Indicating locomotion (use of *jechać, lecieć, płynąć*, etc.
plus the instrumental case)
The instrumental plural
Exercises

Chapter 17 203

Conversation: In the Białowieża Forest Preserve
Verbs: The conditional mood
The prefixes *na-* and *prze-* with verbs of motion
The locative plural
Names of animals and their declension
Tydzień declined
Exercises

Chapter 18 213

Conversation: Digging in the Relatives' Garden
Verbs: The present participle, declined
The vocative plural
The names of common plants and their declension
Ordinal numbers declined (*pierwszy, drugi, trzeci*, etc.)
The seasons
Exercises

Chapter 19 226

Conversation: A Visit to Żelazowa Wola
Verbs: The adverbial participle
Prepositions with the genitive
Compound comparison of adjectives (use of *bardziej,*
mniej, najbardziej, najmniej with adjectives)
Asking about and replying to questions concerning dates
Exercises

Chapter 20 238

Conversation: Inside the Royal Castle in Warsaw
Prepositions with the accusative and instrumental
Counting above 100
Comparative degree of adverbs (*drożej, milej, chłodniej*, etc.)
Declension of last names ending in *-ski, -cki, -a*
Exercises

Chapter 21 251

Conversation: On Leaving Poland
Declension of *noc* and *rzecz*
Superlative degree of adverbs (*najdrożej, najmilej*, etc.)
Multiple negation (use of *ani. . . ani; nigdzie; nigdy*)
Prepositions with the locative
Exercises

Review and Self-Assessment Test for Chapters 16-21 258

Section I Reading Comprehension
A. Answer the question after listening to the tape (5 questions)
B. Dictation (2 paragraphs)

Section II
A. Prefixes with verbs of motion (5 fill-in sentences)
B. The instrumental, locative and vocative plurals (5 fill-in sentences)
C. Various functions of numbers (5 fill-in sentences)
D. The participles (5 fill-in sentences)
E. Plants and animals, declined (5 fill-in sentences)
F. Compound comparison of adjectives (5 fill-in sentences)
G. Comparative and superlative degree of adverbs (5 fill-in sentences)
H. Multiple negation

REFERENCE MATERIAL

Dictionary of Words Introduced in the Teaching Units with (American) English Equivalents 261
Key To The Exercises 291

INTRODUCTION

THE PURPOSE OF THIS BOOK

This text is meant to help you achieve two objectives: 1) conversational ability in most everyday situations, and 2) the ability to read and write basic material using correct grammar and syntax. Mastery of the material in this book gives the knowledge-equivalent of somewhat more than one year of average college-level Polish instruction.

READING PASSAGES

The reading passages are important for several reasons. They are vocabulary builders; they help you recognize the spoken Polish word because you follow the written text while listening to the tapes; they build knowledge of idiomatic Polish; and they teach you correct syntactical patterns.

Unlike other language-learning texts, you will not find boring vocabulary lists at the end of each reading passage. Instead, each passage is translated, with equivalent word order indicated where necessary.

If you cannot remember the meaning of a word, either flip to the reading passage, or refer to the dictionary at the back of the book where each word is shown together with its meaning.

We believe that learning vocabulary this way, where you can easily see what the word means and how it functions in a sentence, will give you a much more natural grasp of the language than learning the meaning from a vocabulary list.

GRAMMAR

The grammar section of each chapter is organized to teach the details of grammar while at the same time keeping those details within their proper, wider linguistic context. For instance, in Chapter 1 you learn about declensions, and also see examples of how cases function in a sentence.

Both the reading passages and the grammar are meant to be not only studied, but also memorized.

WRITING

The book stresses composition early-on (beginning with Chapter 1). Writing out your ideas in a language foreign to you is probably the best way of polishing and assimilating knowledge of how the language works.

PHONETICS

Study well the phonetic guide which precedes Chapter 1. Read through and memorize with the help of the tapes. Your ability to understand spoken Polish will be further enhanced by the dictation units which are part of the exercises, beginning with Chapter 2.

EXPLANATIONS

Every once in a while we introduce explanations and insights into how and why certain words, phrases, or linguistic structures function the way they do. This will give you a better comprehension not only of the language, but also of the cultural and historical context from which the language arises. For instance, in Chapter 1 we discuss the cultural significance of formal address (*pan, pani, państwo*) in Polish.

CONCLUDING REMARKS

Spaced evenly throughout this book you will find reviews of the chapter cluster before. Use these to find weak spots in your knowledge, so you can strengthen them.

This text has been designed to help you master Polish on your own. Nonetheless, we cannot stress enough the importance of learning a language with the help of a teacher or tutor, if for no other reason than to give you confidence that what you have learned is correct, and that, indeed, you have a mastery of the language.

There is no part of the English-speaking world where people fluent in good Polish cannot be found. This is so because two hundred years of occupation of Polish soil by inimical powers caused a migration of several million Poles to areas across the globe, especially to America, Great Britain, and Australia. Therefore look up your local Polish organization and ask to be put in touch with a college, or a person, who can assist you. This is a great way to enrich and exercise your book-acquired knowledge, and a wonderful way to make new friends!

* * *

GUIDE TO PRONUNCIATION

The Polish alphabet is the Roman alphabet with a few modifications to accommodate sounds not used in other Western European languages. Some of these modifications are somewhat outdated. For instance, the "sch" sound, similar to the "sch" in *borscht,* is written *sz* in Polish. Practice has taught us that this guide should concentrate only on those sounds which differ from their English equivalents either in the way they are written or in the way they sound. Thus, for instance, you will not find the "b" sound or letter below, but you will find "w" which is pronounced like an English "v". All of these sounds are to be found on your tapes.

VOWELS

a	pronounce like	h**o**t
i	" "	spl**ee**n
e	" "	b**e**t
o	" "	f**o**r
ó	" "	r**oo**t
u	" "	r**oo**t
ę	approximates	b**en**t
ą	approximates	d**on**'t

CONSONANTS AND CONSONANT CLUSTERS

c	pronounce like	**ts**ar
ć	" "	**ch**eap
ci	" "	**ch**eap (never pronounce it like two separate sounds)
dzi	" "	**j**eep (never pronounced as separate sounds)

g	"	"	gap
j	"	"	yet
ł	"	"	**w**et
ń	"	"	**ny**et
r	"	"	slightly rolled
rz	"	"	like garage, but somewhat harder
ś	"	"	like **sh**eet
si	"	"	like **sh**eet
sz	"	"	like bor**sch**t, but somewhat harder
w	"	"	volt, **never** like wet
x	"	"	kno**cks**
y	"	"	b**i**t
ź	"	"	mira**g**e, soft, as in the French
ż	"	"	gara**g**e, but harder

STRESS

Except for certain foreign words which have remained unchanged in meaning and pronunciation from their original use and pronunciation, all short Polish words have a stress, and all long words have the major stress on the next to last syllable: 'ko-tek (kitten); mo-'ty-lek (little butterfly); po-sta-no-'wie-nie (determination).

* * *

TEACHING UNITS

CHAPTER ONE

Arrival at the Airport in Warsaw, Poland

CONVERSATION I: Customs and Immigration

Jack and Jill Waters have just deplaned at Okęcie International Airport in Warszawa, Poland's capital. They are next in line at customs.

Urzędnik[1] *paszportowy*[2]: Paszporty, proszę.

Jack Waters: Proszę.

Urzędnik paszportowy: Jak długo będą[1] państwo[2] w Polsce?

Jack Waters: Sześć tygodni.

Urzędnik Paszportowy: W jakim celu przybyli[1] państwo[2] do Polski?

Jack Waters: Przyjechaliśmy[1] odwiedzić rodzinę.

Urzędnik Paszportowy: Dziękuję. Życzę[1] państwu miłego pobytu.

* * *

2 1

Passport officer: Passports, please.

Jack Waters: Please.

1 2 1

Passport officer: How long will you be in Poland?

Jack Waters: Six weeks.

1 2

Passport officer: Why (lit.: with what objective) did you

1

come to Poland?

1 1

Jack Waters: We came to visit family.

1 1

Passport officer: Thank you. I wish you a pleasant stay.

* * *

CONVERSATION II: Getting a Taxi

1 2

Jack Waters (to an airport policeman): Przepraszam, gdzie jest postój taksówek?

Policjant: Pierwsze drzwi i w lewo.

Jill Waters: Dziękujemy.

1 2 3

Portier: Dokąd można wziąć państwa bagaże?

1 2 3

Jill Waters: Dziękujemy. Damy sobie radę.

1 2

Jack Waters (to Jill): To te drzwi.

Jill Waters: O! Widzę taksówkę!

2 1

Taksówkarz: Dokąd państwo jadą?

Jack Waters: Do centrum. Do Hotelu Marriott.

* * *

2 1

Jack Waters: Excuse me, where is the taxi stand?

Policeman: The first door (exit) and to the left.

Jill Waters: (We) thank you.

2 3 1 1

Porter: Where can your baggage be taken to?

1 1 3 2

Jill Waters: (We) thank you. We will manage ourselves.

1 1 2

Jack Waters (to Jill): It is this door.

Jill Waters: Oh! I see a taxi!

1 2 1

Taxi driver: Where are you going?

Jack Waters: To midtown. To the Hotel Marriott.

Formal Forms of Address

In Polish, *pan* (Mr.), *pani* (Mrs.), *państwo* (plural) are used whenever you address adults with whom you have not established close relationships, and in official situations. Young people, however, use *ty* (familiar form of you) even with someone of their generation whom they are meeting for the first time.

Informal Forms of Address

Use *ty* when addressing children and with people with whom you have established a close relationship. Though the social rules governing address forms to denote closeness of relationship have relaxed considerably since World War II, there are still many people of the pre-World War II generation who stick to the old rules. Some people, for example, will use *pan* and *pani* even though they may have known a person for 20 years and more, and are actually close friends! They would not dare use the familiar form *ty* until both parties, by mutual consent, decide to use it toward each other, and then they often seal their close relationship with a toast called "bruderschaft": brotherhood (a German term), in which they link arms and drink to each other, and then kiss each other on the cheek. In America, everybody is "you," even if you've just met them at a cocktail party and couldn't care less if you ever meet them again. But getting to be close to someone in America is just as difficult as in pre-War Poland.

GRAMMATICAL CONCEPTS

Verbs

The two basic verbs in Polish are: *być* (to be) and *mieć* (to have). Verbs in Polish are conjugated, which means that the basic form, e.g., *być* takes on various forms and endings to indicate its specific function in a sentence.

Conjugation of być (Present tense)

singular		*plural*	
ja jestem	I am	my jesteśmy	we are
ty jesteś	you are	wy jesteście	you are
on, ona, ono jest	he, she, it is	oni*, one są	they are

* *Oni* denotes masculine humans only. *One* denotes everyone and everything else.

Sample sentences

Ja jestem w sklepie.	I am in the store.
One są inteligentne.	They (female or neuter or masculine other than human) are intelligent.

Conjugation of Mieć (Present tense)

singular		*plural*	
ja mam	I have	my mamy	we have
ty masz	you have	wy macie	you have
on, ona, ono ma	he, she, it has	oni, one mają	they have

Sample sentences

Jan ma kota.	John has a cat.
Oni mają dużo pieniędzy.	They have a lot of money.

NOUNS

Nouns in Polish have gender (masculine, feminine, neuter), number (singular or plural) and case (nominative, genitive, etc.) Case refers to the various endings a noun takes, depending on what function it expresses in a sentence. For instance, a noun in the nominative case (which is also the basic form of the noun) tells you that the noun is the subject of the sentence. But a noun in the dative case tells you that the noun is the indirect object of the sentence.

Sample sentences

nom. Jan ma psa.	subject John has a dog.
dat. Daj tego psa Janowi.	indirect object Give this dog to John.

Declension of Nouns

A listing of all the possible forms (cases) of a noun in the singular and plural is called a declension paradigm.

There are seven cases in Polish, and each appears in two forms: singular and plural. The seven cases are: Nominative, Genitive, Dative, Accusative, Instrumental, Locative and Vocative.

Example (masculine singular)

Nom.	Jan	John
Gen.	Jana	John's
Dat.	Janowi	To John (indirect object)
Acc.	Jana	John (direct object)
Ins.	Janem	with, by means of, John
Loc.	Janie	John (used with prepositions of place and position, as *on, in, next to* and also *about*)
Voc.	Janie!	Oh John!

Example (feminine singular)

Nom.	Janina	Jane
Gen.	Janiny	Jane's
Dat.	Janinie	Jane (indirect object)
Acc.	Janinę	Jane (direct object)
Ins.	Janiną	with, by means of, Jane
Loc.	Janinie	Jane (used with prepositions of place and position)
Voc.	Janino!	Oh Jane!

Example (neuter singular)

Nom.	jabłko	apple
Gen.	jabłka	apple's
Dat.	jabłku	apple (indirect object)
Acc.	jabłko	apple (direct object)
Ins.	jabłkiem	with, by means of, an apple
Loc.	jabłku	apple (used with prepositions of place and position)
Voc.	jabłko!	Oh apple!

Agreement of Adjectives with Nouns

Adjectives modify nouns. In Polish they also agree in gender, number and case with the nouns they modify.

Sample sentences

Mały pies śpi.	The little dog is sleeping.
Daj małemu psu coś jeść.	Give the little dog something to eat.
Mała małpa śpi.	The little monkey is sleeping.
Daj małej małpie coś jeść.	Give the little monkey something to eat.
Małe jabłko leży na stole.	The small apple is lying on the table.
Napisz wiersz o małym jabłku.	Write a poem about the small apple.

Declension of Adjectives

Because adjectives agree in gender, number and case with the nouns they modify, they too are declined. Here are some examples:

	masculine singular	*feminine singular*
Nom.	mały pies	mała małpa
Gen.	małego psa	małej małpy
Dat.	małemu psu	małej małpie
Acc.	małego psa	małą małpę
Ins.	małym psem	małą małpą
Loc.	małym psie	małej małpie
Voc.	mały psie!	mała małpo!

	neuter singular
Nom.	małe jabłko
Gen.	małego jabłka
Dat.	małemu jabłku
Acc.	małe jabłko
Ins.	małym jabłkiem
Loc.	małym jabłku
Voc.	małe jabłko

As you can see, agreement of adjective with noun in gender, number and case does not mean that an adjective modifying a noun has the exact same ending as the noun. The endings are often different, e.g. mał*ego* ps*a*; but they denote the same gender, number and case.

EXERCISES

1. Decline *Rodzina* in the singular.

2. Which of the following statements are true?
a) Jack i Jill Waters będą w Polsce sześć tygodni.
b) Jack i Jill Waters przyjechali do Polski żeby kupić polskiego konia.
c) Państwo Waters jadą do Hotelu Forum.
d) Postój taksówek jest w drugie drzwi i w prawo.

3. Insert the appropriate form of the verb indicated, and translate the completed sentence.
a) Jan *has* małe jabłko.
b) Jill i Jack Waters *are* w Warszawie.
c) Ja *have* dużego psa.
d) Wy *are* na lotnisku.
e) One *are* w hotelu.

4. Using the vocabulary of this unit, including the words used as examples of conjugation and declension, write five sentences about a trip to Warsaw. Use *to have* and *to be* as well.

* * *

CHAPTER TWO

CONVERSATION I: Getting a Room at the Hotel

Mr. and Mrs. Waters have just arrived at the Marriott Hotel in Warsaw, Poland. The taxi driver is opening the trunk to get their baggage.

Taksówkarz: Gdzie postawić bagaże?

Jill Waters: Na chodniku.

Taksówkarz: Bardzo proszę.

Jill Waters: Dziękuję.

Portier: Czy wnieść państwa bagaże do recepcji?[1]

Jill Waters: Proszę.

Mr. and Mrs. Waters enter the hotel lobby and walk up to the reception desk.

Recepcjonistka: Dzień dobry. Czy mają państwo rezerwację?

Jack Waters: Słucham?

1 2

Recepcjonistka: Czy mają państwo rezerwację?

Jack Waters: A. Przepraszam. Oczywiście! Nazywam się Jack Waters.

Recepcjonistka: Dziękuję. Państwo mieszkają w Nowym Jorku?

Jill Waters: Tak. Proszę o pokój z ładnym widokiem.

Recepcjonistka: Proszę. Pokój numer tysiąc pięć.

Jack Waters: Czy może pani powtórzyć?

Recepcjonistka: Pokój jeden zero zero pięć.

1 2

Jack Waters: Bardzo dziękujemy.

* * *

Taxi Driver: Where should I put your baggage?

Jill Waters: On the sidewalk.

Taxi Driver: Please. (lit.: Very much please)

Jill Waters: Thank you.

1 1

Doorman: Shall I take your baggage to the reception

1

desk?

Jill Waters: Please.

* * *

Receptionist (female): Good morning. Do you have a reservation?

Jack Waters: Pardon me? (lit.: I'm listening?)

2 1

Receptionist: Do you have a reservation?

Jack Waters: Oh. I'm sorry. Of course! My name is Jack Waters.

Receptionist: Thank you. You live in New York?

Jill Waters: Yes. I'd like a room with a nice view.

Receptionist: Please. Room number one thousand five.

Jack Waters: Could you repeat (that)?

Receptionist: Room one zero zero five.

2 2 1 1

Jack Waters: Thank you very much.

CONVERSATION II: Making Friends

As Jack Waters takes the key from the receptionist, Jill turns to a little girl behind her, standing in line with her "parents," reading aloud from a children's book.

Jill Waters: Jak ładnie czytasz po polsku!

1 2

Dziewczynka: Dziękuję. I umiem rozmawiać ładnie po

2

polsku!

Jill Waters (śmieje się): To pięknie! A gdzie mieszkasz?

Dziewczynka: W Nowym Jorku.

Jill Waters: Ja też. Czy to są twoi rodzice?

1 2 2

Dziewczynka: Moich rodziców jeszcze nie ma. To są babcia i dziadek.

1 1 1

Jill Waters: Bardzo mi miło. Jestem Jill Waters. Co za ładna i miła wnuczka!

1 1

Dziadek: Dziękujemy. Sznurowski jestem. A to Urszulka.

Jill Waters: Czy państwo mieszkają w Warszawie?

1 2 3 4

Dziadek: Tak. Czy państwo na długo do Polski?

Jill Waters: Na sześć tygodni.

Dziadek: Ślicznie! Życzę miłego pobytu.

Jill Waters: Dziękuję! Do widzenia.

Dziadek: Do widzenia.

* * *

Jill Waters: How nicely you read Polish!

2

Little girl: Thank you. And I know how to speak Polish

1

nicely.

Jill Waters (laughs):	That's great! And where do you live?
Little girl:	In New York.
Jill Waters:	Me too. Are these your parents?
	2 2 1
Little girl:	My parents aren't here yet. This is grandma and grandpa.
	1 1 1 1 1
Jill Waters:	I'm pleased to meet you. My name is Jill Waters. What a pretty and pleasant granddaughter!
	2 2 2 1
Grandfather:	Thank you. My name is Sznurowski. And this is Ursula.
Jill Waters:	Do you live in Warsaw?
	3 4 1 2
Grandfather:	Yes. Are you in Poland for long?
Jill Waters:	For six weeks.
Grandfather:	Lovely! I wish you a pleasant stay.
Jill Waters:	Thank you! Good-bye.
Grandfather:	Good-bye.

Idiomatic Abbreviations

"Czy wnieść państwu do recepcji?" translates literally as: "If to carry in for you to reception?" And it means, if fleshed out, "I am to carry it in for you to reception?" In the second conversation, "Czy państwo na długo do Polski?" literally means: "Did you (come) for long to Poland?" meaning, in full form, "Are you in Poland for long?" Just as in English, the everyday, spoken Polish is full of abbreviations whose implications are clear to the listener.

Asking a Question

If you want to ask a direct question, usually one that requires a *yes* or *no* answer, then you add the interrogative particle *czy* to a statement. For instance:

Pani mieszka w Warszawie. You (f.) live in Warsaw.	Czy pani mieszka w Warszawie? Do you (f.) live in Warsaw?
John mówi po polsku. John speaks Polish.	Czy John mówi po polsku? Does John speak Polish?

The verbs czytać, nazywać się, słuchać, powtarzać, mieszkać, rozmawiać

There are four verb conjugations (i.e., patterns of endings) in Polish. The simplest is the third conjugation, which in the present tense has the endings -am, -asz for the 1st and 2nd person singular. The six verbs cited above are all important verbs that represent often encountered actions. The meaning of these verbs is:

czytać = to read	powtarzać = to repeat
nazywać się = to be named	mieszkać = to dwell, reside
słuchać = to listen	rozmawiać = to converse

In the present tense, these verbs are all conjugated according to the following pattern:

Ja czytam	I read (I am reading)
Ty czytasz	You (sing.) read (You are reading)
On czyta	He reads (he is reading)
Ona czyta	She reads (she is reading)
Ono czyta	It reads (it is reading)
My czytamy	We read (we are reading)
Wy czytacie	You read (you are reading)
Oni czytają	They (masc.,human) read (they are reading)
One czytają	They (fem., neut. non-human masc.) read (they are reading)

To form the verb in this conjugation in the present tense, just drop the -ć ending and add the endings for the conjugation. Here's another example: rozmawiam, rozmawiasz, rozmawia, rozmawiamy, rozmawiacie, rozmawiają. Whereas the personal pronouns "I," "You," etc. were added for clarity above, in practice in most situations you do not accompany the verb in its conjugated form with the appropriate pronoun. The conjugated verb's ending tells the listener what the person, number and gender is—except for the 3rd person singular, where all three genders have the same verb ending. Thus, Czytam. is a complete sentence in Polish: its subject is the pronoun Ja (I) which is indicated by the ending -am and the verb is "am reading." The tense of the verb is indicated by the entire conjugated form: czytam.

Personal Pronouns

As in English, where personal pronouns are convenient indicators of a person, persons, animal, or object that has been mentioned by name before, or whose identity has been implied in some way before, so also in Polish, pronouns serve the same function. In the singular these pronouns are:

Ja	I
Ty	you (the old "thou") which is used regarding a person with whom one is on intimate terms, an inferior, or someone of much younger age, and is also used among children and students toward each other
On	he
Ona	she
Ono	it

The personal pronouns are declined as follows:

N.	ja	ty	on	ona	ono
G.	mnie	ciebie	jego, go	jej	jego, go
D.	mi	tobie, ci	jemu, mu	jej	jemu, mu
A.	mnie	ciebie	jego, go	ją	jego, go
I	mną	tobą	nim	nią	nim
L.	mnie	tobie	nim	niej	nim

N.	my	wy	oni	one
G.	nas	was	ich	ich
D.	nam	wam	im	im
A.	nas	was	ich	je
I.	nami	wami	nimi	nimi
L.	nas	was	nich	nich

Expressing Possession and Lack of it

When wishing to express possession, use the *genitive case* in Polish. The genitive is also used in sentences expressing lack of possession. It is then in the case of the direct object of the negated verb. For instance:

Possession:

To jest lalka Urszuli. This is Ursula's doll.

Lack of Possession:
Urszula nie ma lalki. Ursula does not have a doll.

The genitive is also used in sentences that express negation.

For example:

Jill Waters nie czyta gazety.	Jill Waters is not reading the newspaper.

The three nouns in the genitive case in the above sentences are: *Urszuli, lalki, gazety*. All three are feminine nouns. All three in the nominative case are: *Urszula, lalka, gazeta.* Masculine animate nouns that end in a consonant in the nominative take the ending -a in the genitive, as do neuter nouns.

Masc. Human		Neuter	
Nom.	*Gen.*	*Nom.*	*Gen.*
ksiądz	księdza	ciasto	ciasta
lew	lwa	pismo	pisma
aktor	aktora	mieszkanie	mieszkania

EXERCISES

1. Dictation.
Exercise number one is on the tape. Listen carefully to the passage and write what you hear. After you have completed the dictation, check it with the written text (Conversation II of this lesson).

2. Answer the questions. Use a dictionary if needed.
a) Czy Jill Waters ma męża?
b) Jak się on nazywa?
c) Czy Jill Waters mieszka w Bostonie?
d) Czy dziadek dziewczynki nazywa się Gutowski?
e) Jak długo będą państwo Waters w Polsce?

3. Form questions from the following statements, then translate them.
a) Ewa lubi ciastka.
b) Kot słucha muzyki.
c) Pan Jan rozmawia z Barbarą.
d) On nazywa się Ptaszynski.

4. Complete the sentence with the appropriate word.
a) Robert *is reading* gazetę.
b) Ona *is called* Maria.
c) Ty głośno *converse.*
d) Zygmunt i Barbara *are living* w Krakowie.

[Note: when there is a mixed group of persons, i.e., male and female, then the masculine plural third person pronoun is used].

5. Conjugate the verbs *grać* and *stukać* in the present tense.

6. Supply the right personal pronoun:
a) Kasia jest grzeczna, _____ lubi słuchać.
b) Robert jest towarzyski, _____ lubi rozmawiać.
c) _____ mieszkamy w Kazimierzu.
d) Te dziewczynki są zmęczone, _____ chcą spać.
e) Co _____ powtarzacie?

7. Supply a noun with the correct ending.
a) To jest dom mojej *mother.*
b) To jest lalka *of Basia.*
c) *Father's* auto jest tutaj.
d) W klasie nie ma *professor.*
e) Pies nie lubi *cat.*
f) W domu nie ma *cake.*

* * *

CHAPTER THREE

CONVERSATION I: Asking for Directions to the Restaurant

The Waterses have left their baggage in their room, and are now going out to eat.

Jack Waters:	Gdzie można zjeść obiad?
Recepcjonistka:	Jest wygodna nowa restauracja na Nowym Świecie, "Pod Bażantem." Ceny są przystępne, porcje obfite, i jedzenie dobre.
Jack Waters:	Nie chcę pani nudzić, ale co to jest "Bażant"?
Recepcjonistka:	Bażant to po angielsku "pheasant."
Jack Waters:	Dziękuję bardzo za informacje.
Recepcjonistka:	Dziękuję i życzę państwu smacznego.

* * *

Jack Waters: Where can one eat dinner?

Receptionist: There is a comfortable new restaurant on Nowy Świat street, "The Pheasant." The prices are reasonable, the portions are generous, and the food is good.

Jack Waters: I don't want to bore you, but what does "Bażant" mean?

Receptionist: Bażant in English is "pheasant".

Jack Waters: Thanks very much for the directions.

Receptionist: Thank you, and I wish you good appetite.

* * *

CONVERSATION II: Dining Out

[Note: From now on, the introduction to the conversations will also be in Polish.]

Państwo Waters lubią chodzić. Idą do restauracji na piechotę. W restauracji dzisiaj jest dużo miejsca. Siadają przy oknie. Podchodzi kelner.

Kelner:	Dzień dobry.
Jill Waters:	Prosimy o jadłospis.
Kelner:	Oczywiście. Bardzo proszę. Dziś mamy świeże pieczarki z patelni, świetny barszcz po ukraińsku, no i pyszne kotlety schabowe.
Jack Waters:	A jakie ma pan sałatki?
Kelner:	Jest mizeria, jest młoda kapusta z marchewką, pomidory z cebulką.
Jill Waters:	Proszę o barszcz, kotlety schabowe, i pomidory z cebulką.
Jack Waters:	Dla mnie to samo, i sok porzeczkowy.
Kelner:	Dziękuję.

* * *

Mr. and Mrs. Waters like to walk. They are going to the restaurant by foot. There is a lot of room in the restaurant today. They sit down by the window. The waiter approaches.

Waiter: Good afternoon.

Jill Waters: Could we have menus, please.

Waiter: Of course. Here you are. Today we have fresh sautéed mushrooms; an excellent Ukrainian borscht, and excellent pork chops.

Jack Waters: What kind of raw salads do you have?

Waiter: There's cucumbers in sour cream, young cabbage with carrots, and tomatoes with (diced) onion.

Jill Waters: I'll take the borscht, the pork chops, and the tomatoes with onion.

Jack Waters: The same for me, and black currant juice.

Waiter: Thank you.

The verbs robić, chodzić, lubić, nudzić, suszyć, ćwiczyć, prosić

All the verbs listed above are second conjugation verbs. Second conjugation verbs have the endings *-ę, -isz/ysz* in the first and second person singular. The complete paradigm for the present tense second conjugation verbs is as follows:

1st person singular	-ę	1st person plural	-imy/ymy
2nd person singular	-isz/-ysz	2nd person plural	-icie/-ycie
3rd person singular	-i/-y	3rd person plural	-ą

ja robię	I do	my robimy	we do
ty robisz	you do	wy robicie	you do
on/ona/ono robi	he/she/it does	oni/one robią	they do

For instance:

Lubię chodzić do parku.	I like to walk to the park.
On chce ćwiczyć na bębnach.	He wants to practice on his drums.
Co robią Paweł i Aneta?	What are Paul and Annette doing?
Nudzę się kiedy suszę włosy.	I get bored when I dry (my) hair.
Zaprosimy Józefa na obiad.	We will ask Joseph for dinner.

The Reflexive Verb

Many verbs in Polish can be used as reflexive verbs. Reflexive means that the action indicated reflects back on the speaker, i.e., the speaker or the person indicated performs that action on himself. For instance: *nudzę; nudzę się* = I bore (someone); I am bored (i.e., I bore myself).

Of the verbs in the previous section, *chodzić* never takes the reflexive form. Reflexive meaning is always indicated by the enclitic *się*, regardless of the person, number or gender of the verb form being used. For instance: Ja myję się; ty myjesz się, etc. = I wash myself; you wash yourself, etc.

Some verbs are always reflexive, that is, they can never be used without reflexive meaning. To these belong *interesować się; opiekować się* = to be interested; to take care of something or someone.

Demonstrative Pronouns

Demonstrative pronouns point out, indicate. In English they are "this" and "that." The pronouns tamten, tamta, tamto mean "that one over there." Often, ten, ta, to is used in the same sentence as as tamten, tamta, tamto to emphasize the distance between the one and the other. For instance:
Ten dom jest nowy, ale tamten na ostatniej ulicy jest stary.
This house is new, but that one over on the last street is old.
Here is the declension of ten, ta, to:

	singular			*plural*		
	masc.	*fem.*	*neuter*	*masc.*	*fem.*	*neuter*
N.	ten	ta	to	ci	te	te
G.	tego	tej	tego	tych	tych	tych
D.	temu	tej	temu	tym	tym	tym
A.	tego	tę	to	tych	te	te
I.	tym	tą	tym	tymi	tymi	tymi
L.	tym	tej	tym	tych	tych	tych

Giving Something to Someone (the Dative Case)

The dative is the case of the indirect object. For instance: Ja dam ten długopis tej pani. I will give this pen to this lady. Some of the Polish verbs that always take the dative case are: dać, powiedzieć, dziękować, pożyczyć, pomagać, poradzić= to give, to say, to thank, to lend, to help,to advise. Example:

Marek pomaga siostrze.	Mark is helping his sister. (literally: Mark is giving help to his sister)
Lekarz poradził pacjentowi aby poszedł do domu.	The doctor advised the patient to go home. (literally: the doctor gave advice to the patient to go home)

The dative for all plural nouns has an -om ending: panom, paniom, kotom, psom, etc.: to the men, to the women, to the cats, to the dogs. In the singular, almost all masculine nouns have the -owi ending for the dative. Most feminine nouns in the dative end in -i/-y or -e. Neuter nouns in the singular end in -u.

For instance,

	masc.	*fem.*	*neuter*
nom.	pracownik	kobieta	jabłko
dat.	pracownikowi	kobiecie	jabłku
nom.	gość	ulica	mieszkanie
dat.	gościowi	ulicy	mieszkaniu

The Numerals One to Thirty

1 jeden	11 jedenaście	21 dwadzieścia jeden
2 dwa	12 dwanaście	22 dwadzieścia dwa
3 trzy	13 trzynaście	23 dwadzieścia trzy
4 cztery	14 czternaście	24 dwadzieścia cztery
5 pięć	15 piętnaście	25 dwadzieścia pięć
6 sześć	16 szesnaście	26 dwadzieścia sześć
7 siedem	17 siedemnaście	27 dwadzieścia siedem
8 osiem	18 osiemnaście	28 dwadzieścia osiem
9 dziewięć	19 dziewiętnaście	29 dwadzieścia dziewięć
10 dziesięć	20 dwadzieścia	30 trzydzieści

EXERCISES

1. Dictation. This exercise is on the tape. Carefully listen to the passage and copy down what you hear. After completing the dictation, check it with the written text (Conversation II of this lesson).

2. Answer the questions. Use your dictionary if needed.
a) Jak nazywa się "bażant" po angielsku?
b) Jak nazywa się ulica gdzie jest restauracja Pod Bażantem?
c) Czy znasz przepis na barszcz po ukraińsku?
d) Jaką surówkę wybrał Jack Waters?

3. Conjugate the verbs lubić, suszyć and chcieć in the present tense. Note that in conjugation, chcieć drops the final -ć and also the *-i* after *chc*.

4. Supply the correct form of the reflexive verb, and translate into English:
a) Dywany *to dry* się na dworzu.
b) Kot *to wash* się na krześle.
c) Ta książka *to read* się łatwo.
d) My *to get bored* się w szkole.

5. Translate into Polish:
a) This waiter is tall.
b) That waiter over there is old.
c) This ball is big, but that ball over there is small.
d) This man likes to walk.
e) This lady is pleasant.

6. Supply the right ending for the noun in the dative case.
a) Daj ten list temu *kelner*.
b) Przynieś gazetę temu *dziadek*.
c) Powiedział komplement *żona*.
d) Ona dała mleko *kot*.
Now translate each sentence.

7. Listen to the tape. Write down the numerals. Check them against the spelling in the text.

CHAPTER FOUR

CONVERSATION I: A Stroll in the Park After Dinner

1 1 2 3 4 5 6
Państwo Waters lubią spacerować. Idą do parku na spacer. Jest wieczór.

Jill Waters: Patrz, Jack, tu jest napis "Park."

Jack Waters: Chodźmy.

1 2
Po kilku minutach Państwo Waters są w parku. Park ma ścieżkę
3
oświetloną latarniami.

1 2
Jill Waters: Jak tu cicho! I mało ludzi.

1 2 3 4
Jack Waters: Tak. Słabo dochodzi hałas z ulicy.

1 2 3 4 5 6
Jill Waters: Tam na prawo coś kopią i budują.

1 2
Jack Waters: Jest chłodno. Czy nie jesteś za lekko
3
ubrana?

Jill Waters: Mój sweter jest ciepły.

1 2
Jack Waters: Ścieżka skręca w lewo.

1 2
Jill Waters: Możemy iść w lewo. Chodźmy.

1 2
Jack Waters: Lepiej wracajmy. Jest późno.

Jill Waters: Dobrze.

1 1 2 2 3 3 3 4 4 5
The Waterses like to stroll. They are going to the park for a
5 6 6
stroll. It is evening.

Jill Waters: Look, Jack, here is a sign (that says) "Park."

Jack Waters: Let's go.

1 1
After a few minutes the Waterses are in the park. The park has
2 2 3 3
a path illuminated with lanterns.

2 1 1 1
Jill Waters: How quiet it is here! And so few people.

3 3 4 4 2
Jack Waters: Yes. The clatter from the street reaches
1 2
feebly here.

5&6 5&6 5 6 4
Jill Waters: They are digging and building something
1 2 3 3
there on the right.

3 1 2
Jack Waters: It is cold. Aren't you dressed too lightly?

Jill Waters: My sweater is warm.

1 1
Jack Waters: The path turns to the left.

1 1
Jill Waters: We can go to the left Let's go.

1 1 1 2 2
Jack Waters: Better let's go back. It is late.

Jill Waters: Alright.

CONVERSATION II: Bedtime

1 2 3 4
Państwo Waters znów są na ulicy. Jadą taksówką do hotelu.

1 1
Jack Waters: Czy można dostać coś do zjedzenia o tej
2 3 4 5
porze? W hotelu nie można gotować.

Jill Waters: Kto słyszał o gotowaniu w hotelu! Dziwny

żart!

1 2 3
Jack Waters: Mało mamy czasu. Jutro musimy wcześnie
4
wstać.

Jill Waters: Dlaczego?

1 2 3 4
Jack Waters: Bo jutro jedziemy do rodziny cioci Wandy
5 6
do Skierniewic. Ich gospodarstwo jest daleko

za miastem.

Jill Waters: Czy jej mąż jeszcze żyje?

1 2
Jack Waters: Nie. Tylko jest ona i ich dzieci.

Taksówkarz: To jest państwa hotel.

Jack Waters: Dziękujemy.

1 2
Państwo Waters są w pokoju hotelowym. Jest dziesiąta godzina.
2 2
Kładą się do snu.

Jill Waters: O której godzinie jest pociąg?

1 2
Jack Waters: Musimy wyjść z hotelu o siódmej rano.

Jill Waters: Proszę zgaś światło.

Jack Waters: Dobranoc.

* * *

1 1 1 2 3 3 3 4
Mr. and Mrs. Waters are on the street again. They are going by
4
taxi to the hotel.

1 1 1
Jack Waters: Is it possible to get something to eat at this
5 5 4 5 2 3
time? It is not possible to cook in the
3
hotel.

Jill Waters: Whoever heard of cooking in a hotel! A strange joke!

2 2 1
Jack Waters: We have little time. Tomorrow we must
4 3
rise early.

Jill Waters: Why?

2 2 2 5 6
Jack Waters: Because we are going to Skierniewice
1 4 3
tomorrow to Aunt Wanda's family. Their

farm is far from town.

Jill Waters: Is her husband still alive?

2 2 1
Jack Waters: No. It is only her and their children.

Taxi driver: This is your hotel.

Jack Waters: (We) Thank you.

2 1 2
The Waterses are in the hotel room. It is ten o'clock. They are
2
going to (lit.: laying themselves to) sleep.

Jill Waters: At what time (lit.: hour) is the train?

1 1 2
Jack Waters: We must leave (from) the hotel at seven

a.m.

Jill Waters: Please shut off the light.

Jack Waters: Good night.

* * *

GRAMMATICAL CONCEPTS

The Possessive Pronouns

Possessive pronouns in Polish are declined like adjectives. They agree with the nouns they modify in number (singular, plural), gender (masculine, feminine, neuter) and in case (nominative, genitive, etc.). They can be used with or without nouns.

my, mine	mój	m.	our, ours	nasz	m.
	moja	f.		nasza	f.
	moje	n.		nasze	n.
your, yours	twój	m.	your, yours	wasz	m.
	twoja	f.		wasza	f.
	twoje	n.		wasze	n.
his	jego	m. & n.	their, theirs	ich	m.,f.,n.
hers	jej	f.			

Sample sentences:

To jest mój dom.	This is my house.
Czyje są te spodnie?	Whose are these pants?
Wasze.	Yours.

Declension of Possessive Pronouns

singular

case	*masc.*	*fem.*	*neuter*
N.	twój	twoja	twoje
G.	twojego	twojej	twojego
D.	twojemu	twojej	twojemu
A.	twój	twoją	twoje
I.	twoim	twoją	twoim
L.	twoim	twojej	twoim

plural

N.	twoje	twoje	twoje
G.	twoich	twoich	twoich
D.	twoim	twoim	twoim
A.	twoje	twoje	twoje
I.	twoimi	twoimi	twoimi
L.	twoich	twoich	twoich

Note: Because the vocative is a case of direct address, there is no vocative for the second person singular and plural

singular

N.	nasz	nasza	nasze
G.	naszego	naszej	naszego
D.	naszemu	naszej	naszemu
A.	nasze	naszą	naszego
I.	naszym	naszą	naszego
L.	naszym	naszej	naszym
V.	nasz	nasza	nasze

case	masc.	plural fem.	neut.
nom.	nasze	nasze	nasze
gen.	naszych	naszych	naszych
dat.	naszym	naszym	naszym
acc.	nasze	nasze	nasze
instr.	naszymi	naszymi	naszymi
loc.	naszych	naszych	naszych
voc.	nasze	nasze	nasze

The Accusative Case

The accusative case is the case of the direct object. In other words, if you want a word to express the function of the direct object in the sentence you must put the appropriate accusative case ending on it. The direct object is that entity to which the subject of the sentence is relating directly, without any go-betweens. The subject is expressed through the nominative case. The verb expresses the relationship between the subject and the direct object.

Sample sentences:

subject	*verb*	*possessive pronoun*	*direct object*
Ja	widzę	moją	sukienkę.
I	see	my	dress.

subject	*verb*	*direct object*
Oni	budują	dom.
They	are building	a house.

The verbs pisać, budować, dostać, jechać, kopać, gotować, kosztować.

All these verbs belong to the first conjugation. The first and second person singular of these verbs ends in -ę, -esz.

Person	*Nr.*	*Pisać*	*Budować*	*Dostać*	*Jechać*
1st	sg.	piszę	buduję	dostanę	jadę
2nd	sg.	piszesz	budujesz	dostaniesz	jedziesz
3rd	sg.	pisze	buduje	dostanie	jedzie
1st	pl.	piszemy	budujemy	dostaniemy	jedziemy
2nd	pl.	piszecie	budujecie	dostaniecie	jedziecie
3rd	pl.	piszą	budują	dostaną	jadą

		Kopać	*Gotować*	*Kosztować*
1st	sg.	kopię	gotuję	kosztuję
2nd	sg.	kopiesz	gotujesz	kosztujesz
3rd	sg.	kopie	gotuje	kosztuje
1st	pl.	kopiemy	gotujemy	kosztujemy
2nd	pl.	kopiecie	gotujecie	kosztujecie
3rd	pl.	kopią	gotują	kosztują

Sample sentences:

Sarah pisze list.
Sarah is writing a letter.

My budujemy nowy świat.
We are building a new world.

Jutro dostaniecie wypłatę.
Tomorrow you will receive (your) pay.

W poniedziałek jadę do Lublina.
Monday I am going to Lublin.

Oni kopią rów.
They are digging a ditch.

Co gotujesz na obiad?
What are you cooking for dinner?

1
Ile kosztuje ten sweter?
1 1
How much does this sweater cost?

Adverbs

The adverbs mało, lekko, słabo, cicho, chłodno, daleko.

An adverb is a word that "modifies," i.e., changes the meaning of a verb or adjective from what it signifies as it stands alone. For instance: He runs fast.
The same verb, modified: He runs very fast.

Some Polish adverbs, such as *bardzo* (very) are not derived from an adjective. But all the ones listed above are. We do the same in English: we take an adjective or noun, add "ly" and there you have the adverb: real, really; weak, weakly.
Mało: little; lekko: lightly; słabo: weakly; cicho: quietly; chłodno: cooly; daleko: far, afar.

Sample sentences:

1 2
On lekko chodzi.
2 1
He walks lightly.

Maria przyjęła Józefa chłodno.
Maria received Joseph coolly.

Ordinal Numbers

Ordinal numbers denote order: first, second, third, etc. In Polish, ordinal numbers behave like adjectives. They agree with the noun they modify in number, gender, and case.

	masc.	*fem.*	*neuter*	
nom. singular	pierwszy	pierwsza	pierwsze	first
nom. plural	pierwsze	pierwsze	pierwsze	
nom. singular	drugi	druga	drugie	second
nom. plural	drugie	drugie	drugie	
nom. singular	trzeci	trzecia	trzecie	third
nom. plural	trzecie	trzecie	trzecie	
etc.	czwarty	czwarta	czwarte	fourth
	piąty	piąta	piąte	fifth
	szósty	(same endings for the rest as in "piąta" and"piąte")		sixth
	siódmy			seventh
	ósmy			eighth
	dziewąty			ninth
	dziesiąty			tenth
	jedenasty			eleventh
	dwudziesty			twentieth
	dwudziesty pierwszy			twenty first
	trzydziesty pierwszy			thirty first
	setny			hundredth
	tysięczny			thousandth
	sto tysięczny			one hundred thousandth
	milionowy			millionth

Sample sentences:

Proszę ciebie po raz setny, usiądź.
I'm asking you for the hundredth time, sit down.

Piotr był dwudziesty drugi w kolejce.
Peter was twenty-second in line.

Oni obchodzą piętnastą rocznicę małżeństwa.
They are celebrating (their) fifteenth wedding anniversary.

EXERCISES

1. Dictation. Carefully listen to the passage on the tape and copy down what you hear. After completing the dictation, check it against the written text (Conversation I of this lesson).

2. Answer these question in complete sentences, refer to Conversation I or II if necessary.
a) Czy Jill Waters ma ciepły sweter?
b) Czy w parku jest hałas?
c) Czy ścieżka w parku skręca w prawo, czy w lewo?
d) Gdzie jutro jadą państwo Waters?
e) Czy mąż cioci Wandy żyje?
f) O której godzinie państwo Waters muszą wyjść rano z hotelu?

3. Fill in with the correct possessive pronoun. Write out the complete sentence.
a) Ja mam sweter. To jest _____ sweter.
b) Oni mają samochód. Ten samochód jest _____.
c) Ona ma futro. To futro jest _____.
d) Marysiu, daj ten ołówek _____ bratu.
e) My nie mamy już pieniędzy. Nie ma już _____ pieniędzy.

4. Translate into Polish:
a) She is writing a letter.
b) We are building a garage.
c) They are traveling to Kraków.
d) Why are you (singular) digging?
e) Mama is cooking dinner.

5. Adjectives drop their endings and add "o" to form adverbs:
little big old sweet
mały - mało; duży - dużo; stary - staro; słodki - słodko.
Form adverbs from the following adjectives, and use them in a sentence.
miły; krzywy; nowy; twardy; długi; prosty.

6. Translate into Polish:
a) This is our first stroll.
b) He is writing the fifth letter.
c) They are traveling to Warsaw for the twenty third time.
d) He is repeating the question for the fifteenth time.

7. Using the vocabulary of this unit, and of the three prior units, write two paragraphs about visiting a new town.

* * *

CHAPTER FIVE

CONVERSATION I: A Trip by Train to Visit Relatives

Jest rano. Państwo Waters są na dworcu[1] kolejowym[2]. Czekają[3] na pociąg do Skierniewic.

Jack Waters:	Jill, czy rozumiesz[1] te rozkłady[2] jazdy[3]?
Jill Waters:	Tak, rozumiem.
Jack Waters:	Dziś jest poniedziałek. Wiem, że musisz wrócić na spotkanie w śródmieściu we środę.
Jill Waters:	Tak, ale zawsze[1] mogę[2] odwołać to spotkanie.
Jack Waters:	Wiesz co, chce[1] mi[1] się[1] jeść.
Jill Waters:	Poczekaj aż wsiądziemy do pociągu; odjeżdża za piętnaście minut.
Jack Waters:	Nie[1] lubię[2] czekać kiedy jestem głodny.
Jill Waters:	Pociąg zaraz[1] rusza[2], rozumiesz?

1 2
Jack Waters: Jaka jesteś okrutna! No dobrze, chodź, wsiadajmy. Może masz rację. Nie ma sensu iść do restauracji.

Watersowie wsiadają do pociągu.

* * *

2 1 3
It is morning. Mr. and Mrs. Waters are at the train station. They
3 3
are waiting for the train to Skierniewice.

1 1 2
Jack Waters: Jill, do you understand these train
2
schedules?

Jill Waters: Yes, I understand (them).

Jack Waters: Today is Monday. I know that you must return for a meeting in midtown on Wednesday.

2 2 1
Jill Waters: Yes, but I can always cancel the meeting.

1 1
Jack Waters: You know what? I want to eat.

Jill Waters: Wait until we board the train; it leaves in fifteen minutes.

2 1 1 2
Jack Waters: I do not like to wait when I am hungry.
2 1 1
Jill Waters: The train leaves right away, understand?
2 1 1
Jack Waters: How cruel you are! Well okay, come, let's
1 1 1
get in. Maybe you are right. It makes no
1
sense to go to a restaurant.

The Waterses board the train.

* * *

CONVERSATION II: In the Relatives' Country House

1 2 3 1 2
Dom krewnych pana Waters jest za miastem. Stoi w dużym
1 2
ogrodzie. Jak tam ładnie! Jakie piękne kwiaty! Jaka zielona łąka!
1 2 3 4
Syn cioci Jacka jest artystą. Jest artystą malarzem. Oprócz niego
1 2 3 4 4 5 6
w tym domu nie ma mężczyzn, tylko mama i trzy córki.

1 2 1 1 1 1 1
Ciocia Jacka wie, że zmienił nazwisko. Ona z domu nazywa się
1 2 3 3
Wodnicka. Jack, zanim zmienił nazwisko, też nazywał się

Wodnicki.

1 2 3
Państwo Waters wysiadają z taksówki. Cała rodzina wita ich u
1 3 3 2
progu. Nikt nic nie mówi. Wszyscy rozumieją bez słów.
1 2 1 1
Jack Waters ociera oczy ręką. Cieszy się, że po wielu latach
2
może zobaczyć swoich bliskich.

1 1 1
Jack Waters: Ciociu! Nareszcie! Nie mam odwagi
2 3 4
pomyśleć jak dawno nie widzieliśmy się!

Zofia Wodnicka: Kochany Jacusiu! Ale fajnie wyglądasz!

1 1 2
Zofia i Jack całują się i obejmują.

1 2 2 3 4
Zofia Wodnicka: No widzisz, nie ma mojego Jureczka! Ale
1 2 3 4 5
patrz jakie mam ładne i dobre dzieci! A to

jest twoja żona, Jill?

Jack Waters: Tak, to jest Jill.

1 1 2
Jill i Zofia Wodnicka całują się i ściskają. Potem witają się z
2 1 2 3 3
resztą rodziny. Czas wejść do środka.

* * *

1 2 3 1 1 1
The house of Mr. Waters' relatives is outside the town. It stands
2 2 2 1
in a large garden. How pretty (it is) there! What beautiful
1 1 3 3 2 4
flowers! What a green meadow! The son of Jack's aunt is an
4 4 4
artist. He is a painter (an "artist painter"). Besides him there are
4 5 1 2 3 6 6
no men in this house—only the mother and three daughters.

2 1 1 1 1
Jack's aunt knows that he changed (his) name. Her maiden name
1 1 1 3 2 3
is Wodnicka. Jack, before he changed (his) name, was also named
1 1 1 2 2 3 3
Wodnicki. Mr. and Mrs. Waters get out of the taxi. The whole

family greets them at the threshold.

1 2 3
Nobody says anything. Everyone understands without words. Jack
1 1 2 2 2 1 1 1
Waters wipes his eyes with his hand. He is glad that after many
2 2
years he can see his relatives.

	1 1 1
Jack Waters:	Auntie! Finally! I dare not think how long
	3 3 2 3 4 4
	we have not seen each other.
Zofia Wodnicka:	Dearest Jackie! How great you look!

1 2
Zofia and Jack hug and kiss.

Zofia Wodnicka:

1 1 3 4 2 2 2
So you see, my Georgie is no more! But
2 3 4 5 1
look what handsome and good children I
1
have! And this is your wife, Jill?

Jack Waters: Yes, this is Jill.

2 1
Jill and Zofia hug and kiss. Then they greet the rest of the
1 1 1 2 2 3
family. It is time to go inside (lit.: to enter into the interior).

GRAMMATICAL CONCEPTS

Verbs

The verbs *jeść, śmieć, umieć, wiedzieć, rozumieć:* to eat, to dare, to know how to, to know, to understand.

All these verbs belong to the 4th conjugation. This conjugation contains only a handful of verbs. The 1st and 2nd person singular present tense of the verbs in this conjugation have the endings *-em, esz*:

ja jem	my jemy	śmiem	śmiemy
ty jesz	wy jecie	śmiesz	śmiecie
on, ona, ono je	oni, one jedzą	śmie	śmią

wiem	wiemy	rozumiem	rozumiemy
wiesz	wiecie	rozumiesz	rozumiecie
wie	wiedzą	rozumie	rozumieją

The interrogative/relative pronoun jaki, jaka, jakie: what, what a, what . . . like?

Jaki piękny świat!	What a beautiful world!
Jaka piękna kobieta!	What a beautiful woman!
Jakie duże okno!	What a large window!
Jacy przystojni mężczyźni!	What handsome men!
Jakie piękne kobiety!	What beautiful women!
Jakie duże okno!	What large windows!
but	
Jakie jest to okno?	What is this window like?

This pronoun is declined as follows:

singular

case	*masc.*	*fem.*	*neuter*
nom.	jaki	jaka	jakie
gen.	jakiego	jakiej	jakiego
dat.	jakiemu	jakiej	jakiemu
acc.	jakiego	jaką	jakie
instr.	jakim	jaką	jakim
loc.	jakim	jakiej	jakim
voc.	—	—	—

plural

case	*masc.*	*fem.*	*neuter*
nom.	jacy	jakie	jakie
gen.	jakich	jakich	jakich
dat.	jakim	jakim	jakim
acc.	jakich	jakie	jakie
instr.	jakim	jakim	jakim
loc.	jakich	jakich	jakich
voc.	—	—	—

How to deny (negate) things: use of the negative particle nie

The object of a negated verb is always in the genitive case.

Sample sentences:

Mam torbę.	I have a bag.
Nie mam torby.	I don't have a bag.
Widzę drzewo.	I see the tree.
Nie widzę drzewa.	I don't see the tree.
Robię stół.	I am making a table.
Nie robię stołu.	I am not making a table.

Masculine nouns ending in -a

A small group of masculine nouns ends in -a. They are all of foreign (often Italian or Latin) origin. While they decline in the singular like in feminine nouns, their plural endings are all masculine. And when an adjective or other modifier is used together with such a noun, the modifier always declines through the masculine endings, both in the singular and in the plural. Here are some of these nouns: *poeta, artysta, kolega, turysta, mężczyzna, flecista, krwiopijca, monarcha, władca, zabójca, kierowca*: poet, artist, colleague, tourist, man, flutist, vampire (bloodsucker), monarch, ruler (i.e., one who rules), killer (assassin), driver. Let's see how this type of noun compares, throughout its declension, with feminine nouns.

	singular	
case	*masc. noun in -a*	*fem. noun*
nom.	władca	ulica (street)
gen.	władcy	ulicy
dat.	władcy	ulicy
acc.	władcę	ulicę
instr.	władcą	ulicą
loc.	władcy	ulicy
voc.	władco	ulico

plural

case	*masc. noun in -a*	*fem. noun*
nom.	władcy	ulice
gen.	władców	ulic
dat.	władcom	ulicom
acc.	władców	ulice
instr.	władcami	ulicami
loc.	władcach	ulicach
voc.	władcy	ulice

Days of the week

The days of the week in Polish are: *poniedziałek, wtorek, środa, czwartek, piątek, sobota, niedziela*: Monday, Tuesday, Wednesday, Thursday, Friday, Saturday, Sunday. The days of the week are never capitalized in Polish except if they begin a sentence. *Środa, sobota,* and *niedziela* are feminine in gender. The other four days of the week are masculine.

The preposition *w* + the accusative is used to express *on* + *day of the week*. With *wtorek, we* is used because the Poles don't like to pronounce a word beginning with a consonant after a word ending with the same consonant.

Sample sentences:

W każdy wtorek chodzę (1) na basen.	Each Tuesday I go to the swimming pool (1).
We wtorek (1) mam lekcję (2) pływania.	On Tuesday I have a swimming (2) class (1).

The Instrumental Case

The instrumental case has several uses in Polish. The four most important uses are:

a) to express accompaniment. This is done using the preposition *z* + the instrumental case;

b) to express an accompanying circumstance. This is also done by means of the preposition *z* + the instrumental case;

c) to express instrumentality, i.e., i.) that something is accomplished by means of something else. In this category belongs ii.) the expression of travel by means of a vehicle;

d) to designate i.) place whereby, and ii.) time in which.

Sample sentences

Sample sentences are designated as per the numeration above, i.e., sentence a) corresponds to a) above, etc.

a) On lubi chleb z masłem.	He likes bread with butter.
b) Krzyknęła ze złością.	She shouted with anger.
1 2	2 3 3
c) i) Mysz zębami gryzie	The mouse gnaws the wall
3	1 1 1
ścianę.	with its teeth.
1 2	2 2 4 5
ii) Ona jutro jedzie	She is going to Elbląg
3 4 5	1 3 3
samochodem do Elbląga.	tomorrow by car.
1	1 1 1
d) i) Pies biegł polem.	The dog ran down the field.
1	1 1 1
ii) Jemy kolację wieczorem.	We eat supper in the evening.

* * *

EXERCISES

1. Dictation. Listen carefully to the passage on the tape and copy down what you hear. After completing the dictation check it against the written text (Conversation II of this lesson).

2. Answer the following questions in complete sentences; refer to conversation I or II as necessary.
a) Państwo Waters są na dworcu kolejowym. Na co czekają?
b) Kto rozumie rozkłady jazdy?
c) Czego chce Jack Waters?
d) Za ile minut odjeżdża pociąg?
e) Ile córek ma ciocia Jacka Watersa?
f) Jak się nazywał Jack Waters zanim zmienił nazwisko?
g) Jak się nazywał mąż cioci Zofii?

3. Fill in with the correct Polish form of the indicated English verb. Write out the complete sentence. Then translate each sentence into English.
a) Oni *eat* obiad o piątej.
b) Czy *dare* jechać sam do Paryża? (Use 2nd person singular).
c) My nie *know how to* otworzyć tych drzwi.
d) On *know* dużo o historii Rosji.
e) Ja *understand* dobrze, co to jest głód.

4. Translate into Polish:
a) What is your cat like?
b) What a fast train!
c) What is her aunt like?
d) What nice children!
e) What kind of wife do you have? (i.e., what is your wife like?)
f) What kind of monkey is this?

5. Form sentences negating the sentences below.
a) Jill rozumie ciocię.
b) Oni mają samochód.
c) Mama gotuje obiad.
d) Marysia dała ołówek bratu.
e) My znamy Piotra.
f) Wy macie ciepłe swetry.

6. Write two short paragraphs using the words: poet, artist, tourist, colleague, and at least one other masculine noun ending in -a.

7. Translate the sentences below into Polish:
a) On Tuesday Zofia is going to the park.
b) Is today Sunday?
c) On Saturday I always eat pierogi.
d) On Monday she listens to music. (listen takes the dative case).

8. Place the instrumental case endings on the appropriate nouns below.
a) Oni jadą jutro do Poznania samochód ______.
b) Chłopiec sam idzie las ______.
c) Lew rozdarł małpę pazury ______.
d) Jadzia lubi kawę z mleko ______.
e) Podał jej różę z długą łodyga ______.

9. Translate the sentences in Exercise 8 into English.

REVIEW AND SELF-ASSESSMENT TEST FOR CHAPTERS 1-5

Section I. Reading Comprehension

A. Answer the questions after listening to the tape.

B. Dictation. The dictation is part II on the tape. Write what you hear, then check against the indicated written text.

Section II. Grammar

A. Conjugation of verbs in the present tense.

Translate into Polish:
1. The apple is lying on the table.
2. Do you (singular) live in Kraków?
3. We are asking you the fourth time.
4. They are writing a letter to my aunt.
5. You (plural) understand nothing.

B. Declension of nouns (nominative, genitive, dative, accusative and instrumental singular).

Place the word in English in the appropriate case. Write out the whole sentence.
1. *Mr. and Mrs. Waters* przyjechali do Polski.
2. To jest sukienka *of the doll.*
3. Paul słucha klasycznej *music.*
4. Oni widzą *cat* na dachu.
5. Zupę jemy łyżką, a chleb kroimy *with a knife.*

C. Personal, possessive, and relative pronouns; numbers, and days of the week.

Fill in the blank, or supply the missing Polish word. Translate into English.

1. To jest *my* książka.
2. Bóg z *you* (plural)!
3. *How* sie nazywasz?
4. *On Friday* oni poszli do kina.
5. Piątek to *fifth* dzień tygodnia.
6. To są *your* (plural) kanapki.
7. Maria jest miła. *She* lubi się śmiać.
8. To jest jego *eleventh* wizyta u cioci.
9. *What is Robert like?*
10. *On Tuesday* jadę taksówką do domu.

* * *

CHAPTER SIX

CONVERSATION I: At the Town Market

1
Rano państwo Waters jadą z Ciocią Zofią na zakupy do
1 2 3 4
Skierniewic. Wokół rynku są sklepy.

1 2 3
Ciocia Zofia: Co chcecie najpierw zrobić? Zjeść

śniadanie w restauracji, czy pójść do
4 5
sklepu mięsnego?
1 2
Jill Waters: Najpierw zjedzmy śniadanie.

Jack Waters: Zgoda.

Ciocia Zofia: Mój brat zawsze jadał w tej restauracji.
Moje
1 2 3
dzieci też tam lubią chodzić.
1 2
Jill Waters: Czy tu można dostać polski len?

Ciocia Zofia: Tak, można.

* * *

1 2 3 1 4 1 2
Państwo Waters wchodzą z Ciocią do restauracji. Za pół
3 5 6
godziny już wychodzą i wstępują do sklepu mięsnego.

Rzeźnik: Dzień dobry pani. Jak zdróweczko?

1 1
Ciocia Zofia: Dziękuję. Czy mogę dostać pół kilo
2
parówek?

Rzeźnik: Bardzo proszę.

1
Ciocia Zofia: I może kilo flaków.

Rzeźnik: Oczywiście.

1 2
Ciocią Zofią: Ile płacę?

Rzeźnik: Pięćdziesiąt tysięcy złotych. Proszę zapłacić w kasie. Dziękuję.

Wszyscy troje wychodzą od rzeźnika. O jedenastej zakupy są skończone. Wszyscy są zmęczeni. Wracają do domu taksówką.

* * *

1 1 1
In the morning Mr. and Mrs, Waters go (ride) with Aunt
3 3 4 1 2
Zofia to shop in Skierniewice. There are stores around the
town square.

1 1 1 3 3 2

Aunt Zofia: What do you want to do first? Eat breakfast

in the restaurant or go to the butcher (lit.:

5 4

meat shop)?

2 2 1

Jill Waters: Let's eat breakfast first.

Jack Waters: Agreed.

Aunt Zofia: My brother always ate in this restaurant.

3 2 1

My children like to go there too.

2 2 1

Jill Waters: Can one get Polish linen here?

Aunt Zofia: Yes, one can.

1 4 4 2 3 3 5 5

The Waters enter the restaurant with their aunt. They come

5 6 6

out in half an hour and go over to the butcher.

Butcher: Good morning, ma'am. How's the health?

1 1 2 2

Aunt Zofia: Thank you. May I get a half kilo of hot

2

dogs?

Butcher: Please.

1 1

Aunt Zofia: And maybe a kilo of tripe.

Butcher: Certainly.

Aunt Zofia: How[1] much[1] do[2] I[2] owe[2] [lit.: pay]?

Butcher: Fifty thousand złotys. Please pay at the register. Thank you.

All three leave the butcher. At eleven the shopping is completed. Everyone is tired. They return home by taxi.

* * *

CONVERSATION II: A Tour of the Farm

Po obiedzie wszyscy idą obejrzeć[1] gospodarstwo. Roman, syn[1] cioci[2] Zofii[3], prowadzi.

Jill Waters: Czy macie[1] świnie?

Roman: Tak, mamy. I mamy dużo innych zwierząt. W[1] maju[2] urodziły[3] się[3] cielaki[4], w[5] czerwcu[6] kurczaki[7,8], a[9] w[10] styczniu[11] źrebak[12].

Jack Waters: Kosicie własne siano?

1 2 1
Roman: Tak, ale nie zawsze wystarcza. Czasami
1 2
musimy dokupywać.

1 2 3 4
Jill Waters: Co robicie zimą ze zwierzętami?

1 2 3 4 5
Roman: Trzymamy je w ogrzewanej oborze. Tam
6 5 6 1
im zawsze ciepło. W lutem najzimniej —
2 3
wtedy mało wychodzą.

1 2
Jack Waters: Czy macie duży ogród warzywny?

1 2
Roman: Tyle, by starczyło na rodzinę.

1
Państwo Waters i Roman siadają na trawie pod drzewem i
1 2 3
odpoczywają. Jest gorąco i jest dużo wilgoci w powietrzu.

* * *

1 1 1 2
After dinner everyone goes to look the farm over. Roman, aunt
3 1
Zofia's son, leads the way.

1 1
Jill Waters: Do you have any pigs?

Roman: Yes we do. And we have many other
4 4 3 3 1 2 7
animals. The calves were born in May, the
8 5 6 9 12 12 10 11
chickens in June, and a colt in January.

Jack Waters: Do you mow your own hay?

1 1 2 1

Roman: Yes, but it isn't always enough. Sometimes

1 1 1 2 2 2

we have to buy some more.

1 1 1 3 4 4 2 2

Jill Waters: What do you do with the animals in the

2

wintertime?

1 1 2 3 5 4 5

Roman: We keep them in the heated barn. There

6 5 6 6 1 1

they always keep warm. In February it is

1 1 3 3 3

the coldest—then they come out

2

infrequently.

2 1

Jack Waters: Do you have a large vegetable garden?

1 2 2

Roman: Enough to last for the family.

1 1

The Waterses and Roman sit down on the grass under a tree

1 1 2 2 3 3

and rest. It is hot and there is a lot of humidity in the air.

GRAMMATICAL CONCEPTS

Verbs: the Perfective and Imperfective Aspect

Imperfective aspect expresses action that is not completed. A verb in the present tense is in imperfective aspect.

Imperfective verbs are mostly without prefixes; sometimes vowel aditions inside the verb express imperfectiveness. Ex.. *zdawać* (imp.); *zdać* (perf.). *dawać* (imperf.); *dać* (perf.).

Perfective aspect expresses completed action, or to be completed in the future. Ex.: *robić* (imperf.): to do; *zrobić* (perf.): to do and complete the task.

Here is the conjugation of dawać and dać (to give):

Dawać		*Dać*	
daję	dajemy	dam	damy
dajesz	dajecie	dasz	dacie
daje	dają	da	dadzą

Sample sentences:

Imperfective:	Co ty robisz?	What are you doing?
Perfective	On zrobił test.	He did (completed) the test.

The Declension of Some Important Nouns: ręka, brat, dziecko, etc.

A number of important, everyday nouns have been in use in Polish for hundreds if not thousands of years. Accordingly they have declensions which are not altogether in the "contemporary" mold. Here are some of them.

	singular	plural		singular	plural
N.	ręka (hand)	ręce	N.	brat (brother)	bracia
G.	ręki	rąk	G.	brata	braci
D.	ręce	rękom	D.	bratu	braciom
A.	rękę	ręce	A.	brata	braci
I.	ręką	rękami	I.	bratem	braćmi
		or	L.	bracie	braciach
		rękoma	V.	bracie	bracia
L.	ręce	rękach			
V.	ręko	ręce			

N.	dziecko (child)	dzieci	dzień (day)	dni
G.	dziecka	dzieci	dnia	dni
D.	dziecku	dzieciom	dniowi	dniom
A.	dziecko	dzieci	dzień	dni
I.	dzieckiem	dziećmi	dniem	dniami
L.	dziecku	dzieciach	dniu	dniach
V.	dziecko	dzieci	dniu	dni

N.	rok (year)	lata	człowiek (human	ludzie
G.	roku	lat	człowieka being)	ludzi
D.	rokowi	latom	człowiekowi	ludziom
A.	rok	lata	człowieka	ludzi
I.	rokiem	latami	człowiekiem	ludźmi
L.	roku	latach	człowieku	ludziach
V.	roku	lata	człowieku	ludzie

Sample sentences

On ma dwóch braci.	He has two brothers.
Człowiek czasem stroni od ludzi.	A person sometimes shies away from people.
Ten rok jest szczególnie ciężki.	This year is especially hard.
Niedziela jest dniem wypoczynku.	Sunday is a day of rest.
Dzieci kochają zabawę.	Children love play.
Moje ręce są związane.	My hands are tied.

How To Ask A Question

Questions can be formulated either by adding the interrogative particle *czy* at the beginning of a sentence, or by raising the intonation at the end of a sentence.

Sample sentences

Czy lubisz pływać?	Do you like to swim?
Lubisz pływać?	Do you like to swim?

The Names of the Months

The names of the months in Polish are not capitalized unless they are the first word in a sentence. Except for *luty* (February) the genitive singular of all months ends in *-a*. The months are declined like masculine nouns, except for *luty* which is declined like an adjective.

styczeń	January	lipiec	July
luty	February	sierpień	August
marzec	March	wrzesień	September
kwiecień	April	październik	October
maj	May	listopad	November
czerwiec	June	grudzień	December

The Numerals 40 to 100

You already know the numerals 1 to 39. Here are 40 to 100 (or so).

czterdzieści	40
czterdzieści jeden	41
pięćdziesiąt	50
sześćdziesiąt	60
siedemdziesiąt	70
osiemdziesiąt	80

dziewięćdziesiąt	90
sto	100
sto jeden	101
sto dwanaście	112
sto dwadzieścia jeden	121
sto trzydzieści	130

Sample sentences

Pani Kowalska ma sto lat.	Mrs. Kowalski is 100 years old.
On już zjadł setne ciastko.	He has already eaten the hundredth cookie.

EXERCISES

1. Dictation. Listen carefully to the tape and write down what you hear. After completing the dictation check it against the written text (Conversation II of this lesson).

2. Answer the following questions with complete sentences. Refer to Conversation I or II as necessary.
a) Jak się nazywa miasto, gdzie państwo Waters robią zakupy?
b) Co ciocia Zofia i państwo Waters zrobili najpierw?
c) Jak długo byli państwo Waters w restauracji?
d) Co kupiła ciocia Zofia u rzeźnika?
e) Ile ciocia Zofia zapłaciła za flaki i parówki?
f) Czy Roman hoduje świnie?
g) Gdzie Roman trzyma zwierzęta zimą?
h) Czy państwo Waters i Roman odpoczęli po obejrzeniu gospodarstwa?

3. Use the correct aspect in the sentences below.
a) Jan (wypił; pił) kubek do dna.
b) Ciocia Zofia (robi; zrobi) zakupy cały dzień.
c) Oni (chodzą; wyjdą) na spacer co dzień.
d) Pies pani Waters (zje; je) ten kotlet jutro.
e) Ona ciągle (puka; zapuka) do drzwi.

4. Put the word indicated into the appropriate case. Then translate the sentences into English.
a) Ręka *ręka* myje.
b) On jest moim *brat.*
c) Daj ten banan temu *dziecko.*
d) Jego *dzień* są policzone.
e) Ile ona ma *rok?*
f) Czasem człowiek nie ma litości dla *człowiek.*

5. Write out the following mathematical operations in Polish.
a) 41 plus 52 jest _____.
b) 63 minus 20 jest _____.
c) 112 plus 89 jest _____.
d) 55 minus 39 jest _____.
e) 155 plus 8 jest _____.

6. Write a story in Polish about going to the farm, approximately one page in length (double-spaced).

CHAPTER SEVEN

CONVERSATION I: An Accident: Going to the Hospital

1 2
Po obejrzeniu gospodarstwa, państwo Waters wrócili do domu
3 4 1 2 3 4 4 5 6
cioci Zofii. U progu Jill potknęła się, upadła, i mocno rozcięła
7
kolano. Krew płynęła mocno. Wszyscy podnieśli krzyk zgrozy.
1 2
Ciocia zadzwoniła na pogotowie, które zaraz przyjechało.
1 2 1 2 1
Pielęgniarz zrobił opatrunek. Wszyscy pojechali taksówką za
3 4 5
pogotowiem do szpitala.

1 2 3 4
Jack Waters: Ciociu, chyba w szpitalu dyżurny lekarz
5 6 7
zaraz ją przyjmie?

1
Ciocia: Nie wiem, kochany, po siedemnastej zwykle
2 3 1 1 1
jest więcej pacjentów. A jest już w pół do
1
szóstej.

Marysia (córka): Mamo, daj mi swój grzebień, zapomniałam
1 1
się uczesać.

1 2 3

Ciocia: Masz, ale zaraz mi oddaj.

Jack Waters: Cociu, czy to jeszcze daleko?

Ciocia: Nie. Szpital jest w tamtym parku po prawej

stronie.

1 2 1 2 3 4

Jack Waters: Już jesteśmy. Chyba nic strasznego jej nie

5

zrobią.

Rodzina wysiadła z samochodu i idzie do poczekalni. Jill jest już

w szpitalu. Lekarze badają ranę.

* * *

1

After looking over the farm, Mr. and Mrs. Waters returned to

3 4 2 3 4 1 2 2 6

aunt Zofia's house. Jill stumbled on the doorstep, fell and cut

7 7 5

her knee badly. The blood flowed strongly. Everyone raised a cry

2 1

of terror.The aunt called for the ambulance, which came right

1 1 2 2 1 1 3

away. The male nurse put a bandage on. Everyone followed the

3 4 5 5 2 2 2

ambulance to the hospital in a taxi.

4 4 3 3 1 2

Jack Waters: Auntie, will the doctor on duty in the

2 6 5 4 4

hospital see her right away?

Aunt:
2 2
I don't know, dear, after five p.m. there are
1 3 3 3
usually a lot of patients. And it is already
1 1
five thirty.

Mary (daughter):
1 1
Mom, give me your comb, I forgot to comb
1
my hair [lit.: myself].

Aunt:
3 3 3 2 2 1 1
Here, but give it back to me right away.

Jack Waters: Auntie, is it much farther [lit: still far]?

Aunt: No, the hospital is in that park on the right side.

Jack Waters:
2 2 1 2 5 4 5
We are already here. I hope they don't do
1 2 3 3
anything drastic to her.

The family got out of the car and is going to the waiting room. Jill is already in the hospital. The doctors are examining the wound.

* * *

CONVERSATION II: Goodbyes

Parę dni po wizycie w szpitalu Państwo Waters pożegnali się z ciocią Zofią, i wrócili do Warszawy koleją. Pożegnanie było, jak często w Polsce, uczuciowe.

1 2 2
Ciocia Zofia: No, kochani, serdecznie się cieszę, że
3 4
mogłam was zobaczyć. Jacusiu, kochany,
1 2 3 1
czy się kiedyś znów spotkamy? (Wyciera łzy
z oczu).

1 1 2 3 4
Jack Waters: Kochana ciociu, mamy zamiar być co roku
5 6 1 2 3
w Polsce. Napewno zawsze Ciebie
4
odwiedzimy.

1 2
Jill Waters: Jego serce, ciociu, zawsze było z Wami. A
1 2
moje teraz już też. Bardzo dziękujemy za
3
tyle serca, i za pomoc. (Teraz Jill też
wyciera łzy z oczu).

1 2
Roman: Z Bogiem! I wracajcie szybko! Zawsze Was
3 4
chętnie widzimy!

Taksówkarz zatrąbił, Jack i Jill władowali swoje rzeczy do bagażnika, wsiedli i odjechali. Przez pewien czas machali rękami przez okno.

* * *

A couple of days after the visit to the hospital, Mr. and Mrs. Waters said goodbye to aunt Zofia, and returned to Warsaw by train. The parting was, as often in Poland, emotional.

Aunt Zofia:
1 2 2 2
Well, dearest ones, how very happy I am
4 3 1
that I could see you. Jackie, dearest, will we
2 1 3
ever meet again? (She wipes the tears from
her eyes).

Jack Waters:
1 1 2 2 5 6
Dearest auntie, we plan to be in Poland
3 4 4 4 2 4 3 1
every year. We will always visit you for
1
sure.

Jill Waters:
2 1
His heart, Auntie, was always with you.
2 2 2 1
And mine is now too. We thank you very
1 3 3
much for so much affection, and help.
(Now Jill also wipes the tears from her
eyes).

Roman:
3
God be with you! And return quickly! We're
1 3 4 4 2
always glad to see you!

The taxi driver honked, Jack and Jill piled their things into the trunk, got in, and drove off. For some time they waved their hands through the window.

The Past Tense of Verbs

Context rarely plays as great a role in the Polish language as it does in the past tense. Context determines whether the past tense form of a verb should be read as past, past perfect or present perfect in tense. To form the past tense, drop the *ć* at the end of the infinitive form and add *l* or *ł* with the right ending. The correct ending is determined by person (1st, 2nd and 3rd) and gender (masculine, feminine and neuter in the singular and masculine human, non-masculine in the plural). Masculine human gender means human males, and non-masculine human means everyone and everything else.

Here are some examples of conjugations in the past tense:

jechać (to travel by a vehicle)

person	singular			plural	
	masc.	*fem.*	*neuter*	*masc. hum.*	*masc. hum.*
1	jechałem	jechałam		jechaliśmy	jechałyśmy
2	jechałeś	jechałaś		jechaliście	jechałyście
3	jechał	jechała	jechało	jechali	jechały

robić (to do)

person	singular			plural	
	masc.	*fem.*	*neuter*	*masc. hum.*	*masc. hum.*
1	robiłem	robiłam		robiliśmy	robiłyśmy
2	robiłeś	robiłaś		robiliście	robiłyście
3	robił	robiła	robiło	robili	robiły

wiedzieć (to know)

person	singular			plural	
	masc.	*fem.*	*neuter*	*masc. hum.*	*masc. hum.*
1	wiedziałem	wiedziałam		wiedzieliśmy	wiedziałyśmy
2	wiedziałeś	wiedziałaś		wiedzieliście	wiedziałyście
3	wiedział	wiedziała	wiedziało	wiedzieli	wiedziały

Note that in some instances (as with wiedzieć) you must also change the final *-e* in the root: wiedzi*a*łem.

Sample sentences

Jan jechał pociągiem całą noc.	John rode the train all night.
Studentki skończyły śpiewać, zanim on wszedł.	The (female) students had finished singing before he walked in.
Coś w trawie piszczało w nocy.	Something was squeaking in the grass at night.

The Locative Case

The locative case is also called the prepositional case, because it is always accompanied by a preposition. This case signals "place:" place where: w domu (in the home); place near or by: przy szkole (by the school, or near the school); place on which or at which: na dworcu (at the railroad station); place around or about which: po mieszkaniu (around or about the apartment). It also signifies "about:" o tobie (about you); o historii (about history).

Sample sentences

Ona ciągle myśli o swoim kocie.	She constantly thinks about her cat.
Ogary są w lesie.	The hounds are in the forest.
Pies biegał po domu.	The dog ran about the house.

In most instances the locative ending is *e*. In some instances it is *u*: na progu (at the threshold); w domu (in the house); o synu (about the son); na stogu (on the haystack); po panu (after the gentleman).

Telling Time

To express time in Polish you say: What hour is it? : Która jest godzina? You can also elicit a time response by asking "when": Kiedy jedziesz do miasta? (At what time are you going to the city?) Since hour in Polish is feminine, and since more often than not you don't need to use the word "godzina" (hour), the response always comes in the feminine gender: Jadę do miasta o szóstej. I am going into town at six p. m.

szósta	six o'clock
szósta rano	six a.m.
szósta wieczorem	six p.m.
osiemnasta	six p.m. (eighteen hundred hours)
szósta piętnaście	six fifteen
w pół do siódmej	six thirty
za kwadrans siódma	six forty-five
szósta trzydzieści	six thirty
szósta czterdzieści pięć	six forty-five

The Possessive Function of Jego, Jej and Ich

Jego, jej, ich, are the genitive singular and plural forms of the personal pronouns *on, ona, oni/one.* The genitive is the case of possession, of ownership; consequently, aside from using the genitive in such context as negation, *nie ma ich* (they are not present), these pronoun forms also express possession.

Sample sentences

To jest jego czapka.	This is his cap.
Jej mąż jest chory.	Her husband is sick.
Siedzisz w ich samochodzie.	You are sitting in their car.

Giving An Order (The Imperative Mood)

The imperative mood indicates that the speaker commands, or demands that something be done. Commands tend to be terse, accordingly, the verb form for commands is short.

infinitive:	robić	*imperative mood:*	rób (you, sg., do)
			róbcie (you, pl., do)
	czytać		czytaj
			czytajcie

Sample sentences

Jedz śniadanie!	Eat your breakfast!
Czytaj ten list!	Read this letter!

This form of the imperative is for the second person singular and plural only; for the third person singular and plural, you have to add the word *niech*, "let."

Sample sentences

Niech on zje śniadanie.	Let him eat breakfast.
Niech jedzą ciasto!	Let them eat cake!

The third person singular and plural of the imperative is as follows:

infinitive:	*imperative:*
robić	niech on, ona, ono robi
	niech oni, one robią
czytać	niech on, ona czyta
	niech oni, one czytają

infinitive	*imperative forms*	
wiedzieć	1. (ty)	wiedz
	2. (wy)	wiedzcie
	3. niech (on, ona, ono)	wie
	4. niech (oni, one)	wiedzą
chodzić	1.	chodź
	2.	chodźcie
	3.	chodzi
	4.	chodzą
kupować, kupić	1.	kup
	2.	kupcie
	3.	kupi
	4.	kupią

EXERCISES

1. Dictation. Listen carefully to the tape and write down what you hear. After completing the dictation check it against the written text (Conversation I of this lesson).

2. Answer the following questions with complete sentences. Refer to Conversation I or II if you have to.
a) Kiedy państwo Waters wrócili do domu cioci?
b) Co się stało (happened to) Jill na progu domu?
c) Czy pogotowie szybko przyjechało?
d) Po której godzinie jest zwykle więcej pacjentów?
e) Czy wszyscy pojechali taksówką do szpitala?
f) Czym państwo Waters wrócili do Warszawy?
g) Czy państwo Waters mają zamiar wrócić do Polski?
h) Czy Jill i ciocia Zofia płakały przy pożegnaniu?

3. Place the indicated verb in the appropriate form of the past tense and then translate the sentence into English.
a) Jurek wczoraj *pojechać* na uniwersytet.
b) Oni nie *wiedzieć*, że szkoła kończy się w maju.
c) One *wiedzieć*, że to był polski taniec.
d) Pielęgniarka *zrobić* opatrunek.

e) Dziecko *zapomnieć* się uczesać.
f) Państwo Waters *wrócić* wczoraj do Warszawy.
d) Dziewczyny *wrócić* późno do akademika.

4. Place the indicated noun in the locative case. Translate each sentence into English.
a) My mieszkamy zaraz przy *szkoła*.
b) On spędził cały dzień w *dom*.
c) Nauczyciel mówił ze mną o *książka*.
d) Ptak siedział na *stóg* siana.
e) Mucha latała po *mieszkanie*.
f) Gdzie ty mieszkasz, w *Kraków*?

5) Complete the translation.
a) Pociąg ruszył o *1:00 a.m.*
b) Która jest teraz? *Eleven?*
c) One poszły spać o *seven thirty*.
d) Listonosz przyszedł o *ten forty-five*.
e) Gospodyni idzie na zakupy *at a quarter to four*.

6. Translate into Polish.
a) This is her sweater.
b) Their car is blue.
c) This is not his ball.
d) When will you see her father?
e) His letter was long.

7) Place the indicated verb in the appropriate imperative form. Translate.
a) *Read* (pl.) te książki.
b) _____ pani to dziś *zrobić*.
c) *Powiedzieć (sg.)* prawdę!
d) *Zastanowić się* co mówicie!
e) _____ one *jechać* do Krakowa.

8. Write a one-page composition about the first day in school, include asking questions about time scheduling of classes, and also use the past tense.

CHAPTER EIGHT

CONVERSATION I: Buying Presents and Souvenirs

1 2 3 1 2
Jack i Jill wrócili rano do Warszawy. Mieli jeszcze jeden wolny dzień. Postanowili kupić upominki dla przyjaciół w Nowym Jorku.

Jack Waters: O której chcesz iść na zakupy?

1 2 3
Jill Waters: Chyba o pierwszej. Muszę ci wyprasować
4 5 6
spodnie, i przebrać się.

1
Jack Waters: W porządku. Czy wiesz gdzie można kupić dobre kapelusze?

1
Jill Waters: Nie, ale spytaj w recepcji.

1 2
Jack Waters: Idę do kiosku hotelowego po gazetę. Czy
1 2 3
czegoś stamtąd potrzebujesz?

Jill Waters: Nie, dziękuję.

Po dziesięciu minutach Jack wrócił z gazetą. Jill jest gotowa.
1 2 3 3
Wychodzą na miasto zrobić sprawunki dla przyjaciół. Wstępują do dużego sklepu.

Jill Waters: Gdzie mogę znaleźć pończochy?

Ekspedientka: Ten dział jest na trzecim piętrze.

Jill Waters: Dziękuję, Jack, chodź, idziemy na trzecie piętro.

1 2 2
Państwo Waters wjeżdżają ruchomymi schodami na trzecie piętro.

1 2
Jill Waters: Kupię jedną parę pończoszek jedwabnych dla Zuzi, a drugą parę dla Jadzi. Patrz, to prawdziwy polski jedwab z Milanówka!

1 2
Ekspedientka: Czy coś jeszcze dla pani?

Jill Waters: Nie, dziękuję.

Jill płaci i Watersowie wychodzą ze sklepu.

* * *

2 3 1 1 1 1 2 1
Jack and Jill returned to Warsaw in the morning. They still had one free day. They decided to buy souvenirs for friends in New York.

Jack Waters: At what time do you want to go shopping?

1 1 1 3 2 4
Jill Waters: I think at one. I have to iron your* pants,
5 & 6
and change.

1 1
Jack Waters: Okay. Do you know where one can buy

decent hats?

1 1 1
Jill Waters: No, but ask at the reception desk.

2 1
Jack Waters: I'm going to the hotel shop for a

newspaper.

3 3 1 2 2
Do you need something from there?

Jill Waters: No, thank you.

After ten minutes Jack returned with the newspaper. Jill is ready.
1 1 1 2 3 3
They go out on the town to shop for friends. They stop at a big

store.

Jill Waters: Where can I find stockings?

Jack Waters: That department is on the fourth floor.

Jill Waters: Thank you. Jack, come, we are going to

the fourth floor.

1 2 2
The Waterses take the escalator to the fourth floor.

---

* *ci* is a shortened, popularly used form of *tobie*: *for you* or *to you*.

2 2 1
Jill Waters: I will buy one pair of silk stockings for Suzie, and a second pair for Heddy. Look, this is genuine Polish silk from Milanówek!

1 1 1 2
Saleslady: Will there be something else ma'am?

Jill Waters: No, thank you.

Jill pays and the Waterses leave the store.

* * *

CONVERSATION II: A Business Trip to Kraków

1 2
Państwo Waters idą na spotkanie na rynku głównym w Krakowie.

Jack Waters: Patrz, Jill, co za piękne miasto!

Jill Waters: Rzeczywiście! Te domy są przepiękne. Każdy jest inny.

1 2
Jack Waters: To tu. Rynek Główny 50.

1
Państwo Waters wchodzą do recepcji na parterze. Sekretarka
1 2 3 4 5
prosi o nazwiska. Wychodzi młody mężczyzna w garniturze i prosi ich do gabinetu.

1 2 2

Pan Jastrzębski: Dzień dobry państwu. Bardzo się cieszę, że

3 4 4 5

nareszcie spotykamy się osobiście — a nie tylko rozmawiamy przez telefon.

Jill Waters: Ja też się bardzo cieszę, że możemy się nareszcie spotkać.

1 2 3 4

Pan Jastrzębski: Ostatnio zamówiliśmy u pani materiał o

5 6

przemyśle ceramicznym w Nowym Jorku. Pomógł nam zrozumieć, jak najlepiej podejść do amerykańskiego hurtownika. Teraz prosilibyśmy o materiał o rynku na ozdobne, mosiężne zamki i klamki. Mamy do dyspozycji zespół polskich rzemieślników.

Jill Waters: Zabierze mi to dwa miesiące, bo będzie wymagać wielu wyjazdów w teren.

Pan Jastrzębski: W porządku. Zapłacimy pani tyle samo, so poprzednio.

Jill Waters: Dobrze.

1 2 3

Pan Jastrzębski: Długo państwo zostają w Krakowie?

Jill Waters: Wyjeżdżamy jutro rano.

Pan Jastrzębski: W takim razie, czy można zaprosić państwa na obiad do Wierzynka?

Jill Waters: Z przyjemnością!

* * *

2
Mr. and Mrs. Waters are walking to a meeting in the main
1
square in Kraków.

Jill Waters: Look, Jill, what a beautiful city!

Jack Waters: Really! Those houses are exquisite. Every one is different.

2 1
Jill Waters: It's here. 50 Main Square.

1 1 1
The Waterses enter the reception area on the ground floor. The
2 2 3 4 5 5 1 1
secretary asks for their names. A young man in a suit comes out
and asks them to his office.

2 2 1 2 4 4
Pan Jastrzębski: Good morning. I am very glad that we are
4 5 3 3
meeting personally at last—and not just talking over the phone.

Jill Waters: I am also very glad that we can finally meet.

2 1 2

Pan Jastrzębski: We recently ordered an article about the

6 5 3 4

ceramics industry in New York from you. It helped us understand how best to approach the American wholesale distributor. Now we would like to ask you for an article about the market for ornamental brass locks and door handles. We have access to a group of Polish craftsmen.

Jill Waters: It will take me two months, because it requires many field trips.

Jastrzębski: That's okay. We will pay you the same as before.

Jill Waters: Fine.

3 2 3 1

Jastrzębski: Are you staying in Kraków long?

Jill Waters: We are leaving tomorrow morning.

Jastrzębski: In that case, can I invite you to dinner at Wierzynek's?

Jill Waters: Gladly!

Verbs: The Past Tense, continued

Of the four conjugations, the first and second have the greatest variety of past tense suffixes. In the third and fourth conjugations the past tense suffix is *a*: 3rd conj. czytać (to read): czyt*a*łem, czyt*a*łeś, czyt*a*ł, czyt*a*liśmy, czyt*a*liście, czyt*a*li; 4th conjugation: rozumieć (to understand): rozumi*a*łem, rozumi*a*łeś, rozumi*a*ł, but then in the plural, masc. human: rozumi*e*liśmy, rozumi*e*liście, rozumi*e*li; however, in the non-masc. plural, the *a* remains: rozumi*a*łyśmy, rozumi*a*łyście, rozumi*a*ły.

Examples

Here are some examples of how the past tense suffixes vary in the first and second conjugations (these are the most common). Note: The first conjugation is distinguished from the others in the present tense because the first person singular ends in *ę*, and the 2nd person singular ends in *esz*. In the second conjugation present tense the 1st person singular ends in *ę* while the 2nd person singular ends in *-isz*.

1st Conjugation. Past Tense

szeptać (to whisper)

singular	*plural*
1. szeptałem /-am	1. szeptaliśmy / -łyśmy
2. szeptałeś /-aś	2. szeptaliście / -łyście
3. szeptał /-a, -o	3. szeptali / -ły

pleść (to weave; also, colloquial, to babble)

1. plotłem /-am	1. pletliśmy /plotłyśmy
2. plotłeś /-aś	2. pletliście / plotłyście
3. plótł /plotła plotło	3. pletli /plotły

móc (to be able to)

1. mogłem /-am	1. mogliśmy /-łyśmy
2. mogłeś /-aś	2. mogliście /-łyście
3. mógł /mogła mogło	3. mogli /-ły

2nd Conjugation. Past Tense

singular	*plural*
spać (to sleep)	
1. spałem / -am	1. spaliśmy / -łyśmy
2. spałeś / -aś	2. spaliście / -łyście
3. spał / -a / -o	3. spali / -ły
widzieć (to see)	
1. widziałem / -am	1. widzieliśmy /widziałyśmy
2. widziałeś / -aś	2. widzieliście /widziałyście
3. widział / -a / -o	3. widzieli /widziały
nosić (to carry)	
1. nosiłem /-am	1. nosiliśmy / -łyśmy
2. nosiłeś /-aś	2. nosiliście / -łyście
3. nosił /-nosiła nosiło	3. nosili / -ły

The Vocative Case

The vocative (from the Latin verb vocare: to call) is the "calling" case used for direct address: Mario!: Mary!; Robercie!, Robert!; and in salutations in correspondence: Drogi Panie Robercie, Dear

Robert; Drogi Panie Doktorze, Dear Doctor. In colloquial, everyday speech (i.e. non-formal) when you address someone, especially someone you know well, you use the nominative case for the vocative: Maria! Chodź tu! Mary! Come here! Robert! Jak się masz?, Robert! How are you? In the plural, the nominative and vocative is the same anyhow for masculine and feminine nouns. The vocative is the same as the nominative for all neuter nouns in both the singular and plural.

Examples

	nominative	*vocative*
masc. human:	człowiek (human being)	człowieku
masc. non-human:	kot (cat)	kocie
masc. human:	brat (brother)	bracie
feminine:	kobieta (woman)	kobieto
feminine:	pani (lady, Mrs.)	pani*
neuter:	jabłko (apple)	jabłko
	mieszkanie (apartment)	mieszkanie

All diminutives (nicknames, pet names) get the ending *u* in the vocative singular: Romek, Romku; Jadzia, Jadziu; Staś, Stasiu.

Masculine Nouns in the Plural

Some masculine nouns end in a hard consonant: student, doktor, policjant; in the plural this consonant is softened to a *c* or *rz* in some cases:

nom.	studenci	doktorzy
gen.	studentów	doktorów
dat.	studentom	doktorom
acc.	studentów	doktorów
ins.	studentami	doktorami
loc.	studentach	doktorach
voc.	studenci	doktorzy

* this equivalence of forms in nom. and vocative feminine, is an exception.

Where rank or kinship is denoted the ending is often -owie in the nominative plural (instead of the normal i or y).

	ojciec (father)	*generał* (general)
nom.	ojcowie	generałowie
gen.	ojców	generałów
dat.	ojcom	generałom
acc.	ojców	generałów
ins.	ojcami	generałami
loc.	ojcach	generałach
voc.	ojcowie	generałowie

Adjectives in Agreement with Plural Nouns

Adjectives agree with the nouns they modify in case, number and gender. But that does not mean that they have the same exact ending as the nouns they modify. However, whatever the ending on an adjective which happens to be appropriate for a particular form of the noun it modifies, that adjective ending expresses to the hearer or reader the same case, number and gender as the form of the noun does.

dobry (good)

	singular		*plural*
nom.	dobry człowiek	nom.	dobrzy ludzie
gen.	dobrego człowieka	gen.	dobrych ludzi
dat.	dobremu człowiekowi	dat.	dobrym ludziom
acc.	dobrego człowieka	acc.	dobrych ludzi
ins.	dobrym człowiekiem	ins.	dobrymi ludźmi
loc.	dobrym człowieku	loc.	dobrych ludziach
voc.	dobry człowieku	voc.	dobrzy ludzie

	singular		*plural*
nom.	dobra kobieta	nom.	dobre kobiety
gen.	dobrej kobiety	gen.	dobrych kobiet
dat.	dobrej kobiecie	dat.	dobrym kobietom
acc.	dobrą kobietę	acc.	dobre kobiety
ins.	dobrą kobietą	ins.	dobrymi kobietami
loc.	dobrej kobiecie	loc.	dobrych kobietach
voc.	dobra kobieto	voc.	dobre kobiety

nom.	dobre jabłko	nom.	dobre jabłka
gen.	dobrego jabłka	gen.	dobrych jabłek
dat.	dobremu jabłku	dat.	dobrym jabłkom
acc.	dobre jabłko	acc.	dobre jabłka
ins.	dobrym jabłkiem	ins.	dobrymi jabłkami
loc.	dobrym jabłku	loc.	dobrych jabłkach
voc.	dobre jabłko	voc.	dobre jabłka

EXERCISES

1. Dictation. Listen carefully to the tape and write down what you hear. After completing the dictation check it against the written text (Conversation II of this lesson).

2. Answer the following questions with complete sentences. Refer to Conversation I or II if you have to.
a) Czy państwo Waters wrócili do Warszawy wieczorem?
b) Dla kogo postanowili kupić upominki?
c) O której chce Jill iść na zakupy?
d) Dokąd poszedł Jack, żeby spytać o kapelusze?
e) Co kupił Jack w hotelowym kiosku?
f) Jaki był temat ostatniego materiału, który Jill napisała?
g) Na jaki temat jest nowy materiał, który Jill będzie przygotowywać?
h) Jak się nazywa restauracja do której pan Jastrzębski zaprasza państwa Waters?

3. Place the indicated verb in the appropriate form of the past tense.
a) Czy wy *czytać* wczoraj o nowym ministrze finansów w Polsce?
b) One nie *rozumieć* na czym polega hokej.
c) Ona upiła się i *pleść* trzy po trzy.
d) Coś jemu *szeptać* na ucho, że to nie jest dobra droga.
e) Robert E. Lee już nic nie *móc* zrobić dla Południa po Gettysburgu.
f) Kasiu, czy dobrze wczoraj *spać*?
g) Myśmy w zeszłym roku *widzieć* Statuę Wolności.

4. Translate the following into Polish.
a) Dear Professor,
b) Dear John,
c) Dear Aunt Mary,
d) Bryś! Come here!
e) Friends! Listen to me!
f) Oh God!

5. Change the emphasized and whatever other words necessary to the plural. Translate each sentence into Polish.
a) Nasz *ojciec* jest miły.
b) Rzadko chodzę do *doktora*.
c) Na paradzie był *generał*.
d) Nie mam wiadomości od tego *student*.
e) To bardzo dobry *człowiek*.

CHAPTER NINE

CONVERSATION I: At Jagiellonian University.

Państwo Waters idą piechotą do Wierzynka na obiad z panem
1 2 1
Jastrzębskim. Jutro pójdą na Uniwersytet Jagielloński. Ojciec
2 2 3
Jacka Waters skończył Uniwersytet Jagielloński—przed Drugą
1 2 3 4
Wojną Światową. Dla Jacka to będzie wzruszającyca wizyta. Zobaczą
1
Collegium Maius—bardzo stary budynek, gdzie studiowali—
2 3 4 5 5 6 7 8
pięćset lat temu—Dr. Faust i Mistrz Twardowski.

1 2 3 4
Jill Waters: Od czego jutro zaczniemy naszą wizytę na
Uniwersytecie Jagiellońskim?
1 2 2
Jack Waters: Najpierw spotkamy się z Rektorem w jego
kancelarii. A potem pójdziemy do Collegium
1
Maius. Tam jest sławne muzeum.
1
Jill Waters: Słyszałam o Collegium Maius.
1 2
Jack Waters: Zobaczymy tam dużo ciekawych pamiątek
z minionych wieków.

1
Jill Waters: A potem co zrobimy?
1
Jack Waters: Potem pójdziemy na obiad, i na Wawel.
1 2 3 4
Jill Waters: Czy jest jeszcze smocza jama?

Jack Waters: Oczywiście. Ciągle jest popularną atrakcją

dla turystów.

Państwo Waters doszli do rynku. Są przy głównym wejściu do
1 2 3
Wierzynka. Ich spacer się skończył. Teraz czeka ich przyjemny
4
wieczór.

* * *

The Waterses walk to Wierzynek for dinner with Mr. Jastrzębski.
2 1 2 2
Tomorrow they will go to Jagiellonian University. Jack Waters'
1 3 3
father graduated from Jagiellonian University before World War
3 4 4 1 2
II. This will be an emotional visit for Jack. They will see
5 5 6
Collegium Maius—a very old building where Dr. Faustus and
7 8 1 2 2 3 4
Master Twardowski studied five hundred years ago.

1 & 2 4 4 4 4
Jill Waters: How [lit. from what] are we going to begin

our visit to Jagiellonian University
3
tomorrow?

1 2 2 2
Jack Waters: First we will meet with the Rector in his
offices. And afterwards we will go to the
1
Collegium Maius. There is a famous
1 1
museum in it.
1 1 1
Jill Waters: I have heard of the Collegium Maius.
2 1 1 1
Jack Waters: There we will see many interesting
souvenirs of bygone ages.
1 1 1
Jill Waters: And then what will we do?
1 1 1
Jack Waters: Then we will go to dinner, and to Wawel.
3 3 4 2 1
Jill Waters: Does the dragon's cave still exist?

Jack Waters: Of course. It still is a popular attraction for
tourists.

Mr. and Mrs. Waters have walked to the market square. They are
3
at the main entrance to Wierzynek. Their walk is over. Now a
3 4 1 2
pleasant evening awaits them.

* * *

CONVERSATION II: A Meeting with the Rector and a Trip to the Royal Castle

1
Studenci i studentki spieszą na wykłady i inne zajęcia. Jest gorący
1
dzień. Państwo Waters idą do Collegium Novum gdzie jest
2 3
kancelaria Rektora.

1 2 3
Jack Waters: Po tych schodach i w prawo, tak mi wczoraj
4
tłumaczyli.

1 2 2 3 4
Jill Waters: Rzeczywiście wyczuwa się tutaj patynę
5
wieków.

1 2
Państwo Waters wchodzą do poczekalni.

Sekretarka: Czy państwo są umówieni z Rektorem?

Jill Waters: Tak.

Sekretarka: Państwa godność?

Jill Waters: Państwo Waters.

1 2
Sekretarka: Bardzo proszę. Rektor zaraz państwa
3
przyjmie.

1 2 3 1 2
Po paru minutach wychodzi Rektor. Witają się serdecznie.
1 2
Przechodzą do gabinetu Rektora. Rozmowa jest miła, choć

1 2
krótka. Mają wielu wspólnych znajomych. Niestety, rektor spieszy
1 2 1 1
się na posiedzenie rady. Żegnają się serdecznie.

Jack Waters: Chodźmy na Wawel.

1
Jill Waters: Bardzo chętnie. Zdaje się, że to niedaleko
2
stąd.

W kilka minut później wchodzą po pochyłej jezdni przez główną bramę do zamku.

1 2
Jill Waters: To miejsce ma coś w sobie
3 1 2
majestatycznego. O! Patrz! Co za
interesujące głowy tam na suficie!

Jack Waters: Tak, to są sławne rzeźbione głowy
1 2 3 4
przedstawiające różne typy ludzkie z przed
5 6 1 2 3 3
pięciuset lat. Rzeźbione były na wzór
żyjących modeli.

1 2
Jill Waters: Ta sala tronowa jest piękna. Chociaż
1 1
wyobrażałam sobie taką salę jako większą.
1 1
Czy wszystkie sale tronowe są takie skromne
w rozmiarach?

1
Jack Waters: Nie. Ale w Polsce proporcje władzy zawsze
2
były poskramiane przez silne poczucie

demokracji. Król był "primus inter pares,"

pierwszy wśród równych—nigdy ponad
1 2 3
nimi. I dlatego polskie pałace królewskie
4 5 6
zawsze były skromniejsze od wielu innych,

nawet w krajach mniej zamożnych od Polski.

* * *

1 1
Male and female students are hurrying to classes and other

activities. It is a hot day. Mr. and Mrs. Waters are going to
2 2 3 3 3 1 1
Collegium Novum where the office of the Rector is located.

1 1 1
Jack Waters: Up these stairs and to the right, that is how
4 4 4 2 2 3
they explained it to me yesterday.
2 1 2 2 4 4 5 5 5
Jill Waters: One really does sense the patina of the ages
3
here.

1 & 2
The Waterses enter the waiting room.

Secretary: Do you have an appointment with the

Rector?

Jill Waters: Yes.

Secretary: Your name?

Jill Waters: Mr. and Mrs. Waters.

3 3 2 1
Secretary: Of course. The Rector will see you right
1
away.

1 1 3 3 2 2 1 1 2
After a couple of minutes the Rector comes out. They greet each
2 2 2 1
other cordially. They walk over to the Rector's office. The
2 1
conversation is pleasant though short. They have many friends in
1 2
common. Unfortunately, the Rector is hurrying to a council
1 1 1 1
meeting. They say goodbye cordially.

Jack Waters: Let's go to Wawel.

1 1 2 2
Jill Waters: Gladly. It seems that it is not far from here.

Several minutes later they walk up an inclined road through the main gate to the castle.

3 1 2
Jill Waters: This place has something majestic in it! Oh!
1&2
Look! What interesting heads there on the ceiling!

Jack Waters: Yes, those are famous sculptured heads
2 1 3 5
depicting various human types from five
5 6 4 1 2 1
hundred years ago. They were sculpted
3
from live models.

2 1 1
Jill Waters: This throne room is beautiful. Though I
1 1
imagined such a hall to be (as)* larger. Are

all throne rooms so modest in size?

Jill Waters: No. But in Poland the proportions of power
2 1
were always tempered by a strong sense of

democracy. The king was "primus inter

pares," the first among equals—never above
1 1 1 3 2
them. And that is why Polish royal palaces
5 4 6 6
were always more modest than many

others—even in countries less wealthy than

Poland.

---

* jako = as, but in this instance "to be" is better English.

Verbs: The Simple Future Tense

The future tense in Polish is expressed in one of two ways: through the simple and the compound future forms.

The simple future has the present tense form of the perfective aspect. (See chapter six for an explanation of perfective aspect.) Perfective aspect denotes action that is completed or will be completed. The present is never completed; for this reason a perfective verb in its present tense form has future tense meaning.

Sample sentences:

imperfective	*perfective*
Jem śniadanie. I am eating breakfast.	Zjem śniadanie. I will eat breakfast.
Robię półkę. I am making a shelf.	Zrobię półkę. I will make a shelf.
Czytam książkę. I am reading a book.	Przeczytam książkę. I will read a book.

The simple future form also indicates that the designated action will be completed in the future. The compound future form, on the other hand, has no such indication of completion.

Feminine Nouns in the Plural

Here are the case endings for feminine nouns in the singular and their plural equivalents:

	singular	*plural*
N.	-a, -i, -ø	-y, -ie, -e
G.	-y, -i, -y	-ø, -ø, -y
D.	-e, -i, -y	-om, -om, -om
A.	-ę, -ę -ø	-y, -ie, -e
I.	-ą, ą, -ą	-ami, -ami, -ami
L.	-e, -i, -y	-ach, -ach, -ach
V.	-o, -i, -y	-y, -ie, -e

Examples

	singular	*plural*	*singular*	*plural*
N.	torba	torby	gospodyni	gospodynie
G.	torby	toreb	gospodyni	gospodyń
D.	torbie	torbom	gospodyni	gospodyniom
A.	torbę	torby	gospodynię	gospodynie
I.	torbą	torbami	gospodynią	gospodyniami
L.	(w) torbie	(w) torbach	(o) gospodyni	(o) gospodyniach
V.	torbo!	torby!	gospodyni!	gospodynie!

	singular	*plural*
N.	noc	noce
G.	nocy	nocy
D.	nocy	nocom
A.	noc	noce
I.	nocą	nocami
L.	(w) nocy	(w) nocach
V.	nocy!	noce!

Adjectives in Agreement with Feminine Plural Nouns

In Polish, in the plural, adjectives have only two genders: masculine and non-masculine. Thus, both feminine and neuter nouns in the plural are modified by adjectives of the same form.

Examples

	adjective (pl.)	*noun (pl.)*	*adjective (pl.)*	*noun (pl.)*
N.	ciemne	noce	dobre	gospodynie
G.	ciemnych	nocy	dobrych	gospodyń
D.	ciemnym	nocom	dobrym	gospodyniom
A.	ciemne	noce	dobre	gospodynie
I.	ciemnymi	nocami	dobrymi	gospodyniami
L.	(o) ciemnych	nocach	(o) dobrych	gospodyniach
V.	ciemne	noce!	dobre	gospodynie!

	adjective (pl.)	*noun (pl.)*
N.	tanie	torby
G.	tanich	toreb
D.	tanim	torbom
A.	tanie	torby
I.	tanimi	torbami
L.	(o) tanich	torbach
V.	tanie	torby!

Sample sentences

1 2 2
W Lord & Taylor nie ma tanich sukienek.
2 2 2 1
There are no cheap dresses in Lord & Taylor.
1 1
Rozpoczęły się ciemne noce.
1
The dark nights began.

EXERCISES

1. Dictation. Listen carefully to the tape and write down what you hear. After completing the dictation check it against the written text (Conversation I of this lesson).

2. Answer the following question in complete sentences. Try not to refer to Conversations I or II unless absolutely necessary.
a) Gdzie skończył studia ojciec Jacka Watersa?
b) Co to jest Collegium Maius?
c) Jak się nazywa "President of the University" po polsku?
d) Gdzie się mieści restauracja Wierzynek?
e) Gdzie poszli państwo Waters po wizycie u rektora?
f) Kto w dawnej Polsce był "primus inter pares"?

3) Give the correct simple future form of the indicated verb. Write out the complete sentence.
a) Janek dopiero jutro *skończyć* książkę.
b) Marylka *will go* spać za dwie godziny.

c) Kiedy on *will do* ten test?
d) One *will read* ten przepis na makowiec przed świętami.

4. Supply the necessary form of the indicated noun and/or adjective.
a) Jill kupiła sobie *czarny stockings.*
b) Czasami, kiedy ludzie nie rozumieją, mówi się: "*kapusta heads*"!
c) W zamku są *old klamki.*
d) Nic nie wiemy o tych *good women.*

5. Write an essay of at least one and a half pages double spaced about your last vacation.

CHAPTER TEN

CONVERSATION I: A Trip to Gdańsk—On the Way

Państwo Waters zdecydowali pojechać samochodem[1] do[2] Gdańska[3]. Pojadą samochodem[1] z[1] wypożyczalni[1]. Po drodze będą wstępowali do różnych miast i będą[1] szukali[2] upominków dla przyjaciół w Nowym Jorku.

Jill Waters: Jack, może nie bierz tych jabłek. Kupimy świeże jabłka po drodze.

Jack Waters: Dobrze.

Jill Waters: Aj! Coś mi[1] wpadło[2] w lewe[3] oko.

Jack Waters: Przepłucz[1] wodą[2].

Jill Waters: Nie mogę otworzyć oka. Zaraz. Już dobrze.

Jack and Jill wsiadają do swojego polskiego Fiata. Za dziesięć minut już[1] będą[2] jechali[3] główną szosą do Gdańska. Późno wieczorem będą[1] już[2] w Gdańsku. Tam będą oglądać stary port i piękne stare miasto.

* * *

2 3 1 1
The Waterses decided to go to Gdańsk by car. They will travel by
1 1 1
rented car. Along the way they will stop in various towns and will
2 2
look for souvenirs for friends in New York.

Jill Waters: Jack, maybe you shouldn't take those apples.

We will buy fresh apples along the way.

Jack Waters: Okay.

2 3 1
Jill Waters: Ow! Something fell into my left eye.

1 1 2 2
Jack Waters: Rinse it with water.

Jill Waters: I can't open my eye. Wait. Now it's okay.

2 2
Jack and Jill get into their Polish Fiat. In ten minutes they will
1 3 3
already be driving on the main highway to Gdańsk. Late in the
1 1 2 1
evening they will already be in Gdańsk. There they will see the

old port and the beautiful old town.

CONVERSATION II: A Trip to Gdańsk—in Gdańsk

1 2 3
Państwo Waters zwiedzają stocznię gdańską, gdzie pracował
4 5
prezydent Polski Lech Wałęsa. Następnie idą obejrzeć sławny
1
pomnik dla poległych stoczniowców, którzy oddali życie walcząc

o wolność. I w końcu jadą obejrzeć sławne organy w Oliwie,
1 2
które mają ponad trzysta pięćdziesiąt lat.

1 2 3 4
Jack Waters: Tu, w tym kościele, jest naprawdę spokojnie
i cicho.
1 2 3
Jill Waters: O której godzinie będzie koncert organowy?

Jack Waters: Nie wiem, ale warto się dowiedzieć.
1 2 3 4
Jill Waters: Patrz, jakie te organy są piękne!
1 2 1
Jack Waters: Tak. To oryginalny styl rokoko. Niczego
2 1 1
takiego w Ameryce nie ma. To najstarsze
1 2
organy piszczałkowe w Polsce.
1 2 3
Jill Waters: Nie możemy dzisiaj słuchać koncertu, Jack.
1 2 3
Jest już ósma, a my musimy jeszcze wrócić
do Gdańska do hotelu, i przygotować się do
jutrzejszej podróży do Warszawy.

* * *

2 1 5
The Waterses are touring the Gdańsk shipyard where Poland's
4 3
President, Lech Wałęsa, worked. Next they go to see the famous
1 1
monument dedicated to the killed shipyard workers who gave their

lives fighting for freedom. And finally they go to see the famous
1 2 2 1
organ in Oliwa, which is over three hundred fifty years old.

1 2 3
Jack Waters: It is really peaceful and quiet here, in this
4
church.

1 2 3 2 1
Jill Waters: At what time will the organ concert begin?

Jack Waters: I don't know, but it is worth finding out.

4 1 2 3
Jill Waters: Look how beautiful the organ is!

2 1 1
Jack Waters: Yes. This is the original rococo style. There
1 1 2 2
is nothing like this in America. This is the
2 1
oldest pipe organ in Poland.

2 3 3 3 1
Jill Waters: We can't listen to the concert today, Jack.
1 2 1
It is already eight o'clock and we still have
3 3
to return to Gdansk to the hotel to get ready

for tomorrow's journey to Warsaw.

Verbs: Future Tense, continued

In the last chapter we discussed the simple future tense. Now let us look at the compound future tense. It is so called because it is composed of two parts: the future tense of the verb *to be* and the 3rd person singular or plural form of the past tense of the main imperfective verb. In either case the action is indicated not to have a definite end in the future.

Verbs that govern an infinitive, such as *musieć, lubić, iść, chcieć*, etc. always use the future of *to be* plus the 3rd person singular or plural of the past tense of the main imperfective verb; otherwise there would be an unacceptable string of infinitives in the sentence.

Sample sentences

Correct: Będę musiał iść do sklepu za moment.
I will have to go to the store in a moment.

Incorrect: Będę musieć iść do sklepu za moment.

Correct: Jutro będziemy pływać w Atlantyku.
We will swim in the Atlantic tomorrow.

Correct: Jutro będziemy pływali w Atlantyku.

Neuter Nouns in the Plural

Nouns ending in *-o, -ę, -e* are neuter nouns: lato (summer), cielę (calf), morze (sea). Here are a few examples of how neuter nouns are declined in the plural as compared to the singular.

	singular	*plural*	singular	*plural*
N.	lato	lata	cielę	cielęta
G.	lata	lat	cielęcia	cieląt
D.	latu	latom	cielęciu	cielętom
A.	lato	lata	cielę	cielęta
I.	latem	latami	cielęciem	cielętami
L.	(w)lecie	(w) latach	(w) cielęciu	(o) cielętach
V.	lato!	lata!	cielę!	cielęta!

N.	morze	morza
G.	morza	mórz
D.	morzu	morzom
A.	morze	morza
I.	morzem	morzami
L.	(w) morzu	(w) morzach
V.	morze!	morza!

Sample sentences

Kot wyskoczył oknem.
The cat jumped out the window.

Jeździec włożył but w strzemię.
The rider put his shoe into the stirrup.

Adjectives in Agreement With Neuter Nouns

In the singular there are separate case endings for adjectives modifying neuter nouns. In the plural, adjectival endings for neuter nouns are the same as for feminine nouns. This is the non-masculine category.

Examples

	singular		*plural*	
	adjective	*noun*	*adjective*	*noun*
N.	wesołe	lato	wesołe	lata
G.	wesołego	lata	wesołych	lat
D.	wesołemu	latu	wesołym	latom
A.	wesołe	lato	wesołe	lata
I.	wesołym	latem	wesołymi	latami
L.	(o) wesołym	lecie	(o) wesołych	latach
V.	wesołe	lato!	wesołe	lata!

Sample Sentences

Okręt wypłynął na głębokie morze.
The ship sailed out onto the deep sea.

1 2 3 3
Już* dawno nie widzieli tyle pięknych mórz.
3 3 3 3 1 2 2 2
They had not seen so many beautiful seas for a long time.

The Nominative Plural

Nominative plural masculine nouns have four endings: *-i, -y, -e,* and *-owie:* sąsiad, sąsiedzi; smród, smrody; kołnierz, kołnierze; pan, panowie.

The *-i, -y,* ending appears with nouns whose stem (i.e. the part of the noun preceding the ending) ends in a hard consonant. The *-i* ending is used with masculine nouns denoting persons, whereas the *-y* ending is used for non-masculine nouns. For instance: chłop, chłopi, but kot, koty, or dąb, dęby, etc.

---

* już = already, but in this context, it translates best as "for".

Exceptions are such common old Polish masculine nouns as brat (brother) and ksiądz (priest). These have the following form in the nominative plural: brat, bracia; ksiądz, księża.

If a feminine noun has a vowel ending in the nominative singular, but its stem ends in a hard consonant, it has the ending *-y* in the nominative plural, unless the hard consonant is *-k* or *-g*, then the ending is *-i*. Soft-stemmed feminine nouns ending in a vowel in the nominative singular end in *-e* in the nominative plural.

Examples

robota: roboty	kartka: kartki
kobieta: kobiety	praca: prace
droga: drogi	gospodyni: gospodynie

Feminine nouns with consonant endings in the nominative singular, such as: postać, kość, wieś, noc, have an *-i* or *-e* ending in the nominative plural: postaci, kości; but wsie, noce.

Neuter nouns all have the same ending in the nominative plural: *-a*. This is also the ending for all neuter nouns in the accusative and vocative plural.

Examples

jabłko: jabłka	plemię: plemiona
imię: imiona	szkło: szkła

The verb móc (to be able to) in the present, past and future tense

Present

singular	*plural*
ja mogę	my możemy
ty możesz	wy możecie
on, ona, ono może	oni, one mogą

Past

singular	*plural*
ja mogłem/am	my mogliśmy/łyśmy
ty mogłeś/aś	wy mogliście/łyście
on mógł	oni mogli
ona mogła	one mogły
ono mogło	

Future

singular	*plural*
ja będę mógł/a	my będziemy mogli/ły
ty będziesz mógł/mogła	wy będziecie mogli/ły
on będzie mógł	oni będą mogli
ona będzie mogła	one będą mogły
ono będzie mogło	

EXERCISES

1. Dictation. Listen carefully to the tape and write down what you hear. After completing the dictation check it against the written text (the second part of this lesson's Conversation unit).

2. Answer the following questions in complete sentences. Try not to refer to the conversation unit unless absolutely necessary.
a) Dokąd państwo Waters postanowili pojechać samochodem?
b) Czy Jack i Jill jadą własnym samochodem?
c) Co się stało Jill, zanim wyjechali?
d) Co państwo Waters oglądali w Gdańsku?
e) Co Jack and Jill pojechali obejrzeć w Oliwie?

f) Gdzie pracował kiedyś prezydent Polski?
g) Ile lat mają organy w Oliwie?

3. Make one sentence each using the compound future tense, for the following verbs: lubić, iść, spieszyć się, robić, szeptać, czytać, rozumieć, jeść.

4. Use the following neuter nouns in the plural, in complete sentences, one noun to each sentence. Use each neuter noun in a different case. Lato, morze, jabłko, pole, oko.

5. Put the right ending on the indicated word. Write out the complete sentence.
A) *Nasz duży* pole jest zasiane trawą.
B) *To czerwony* jabłka nie jedz.
C) Oni pracowali *cały* latami.
D) Stary marynarz opowiadał o *daleki* morzach.

6. Place the indicated nouns in the nominative plural, then translate the entire sentence into English.
a) Nasi *sąsiad* czasami przychodzą do nas na obiad.
b) *Ta pani* nie zmienią swojego zdania.
c) *Ta droga* prowadzą do Rzymu.
d) *Ten pan* powiedzieli mi dużo o Janie.
e) *Jego imię* były napisane na papierze.
f) *Kot* chodził po szkle.

7. Write three sentences, each one in a different tense, using the verb *moć*.

8. Write a one-page essay about your last trip to the local mall or department store. Use the vocabulary you learned in the last four lessons, as well as whatever other words you may need. If you are doing this grammar on your own, get a native Polish speaker to check the essay for you.

REVIEW AND SELF-ASSESSMENT TEST FOR CHAPTERS 6-10

Section I. Reading Comprehension

A. Answer the questions after listening to the tape.
B. Dictation. The dictation is part II on the tape. Write what you hear, then check it against the indicated written text.

Section II. Grammar

A. Perfective and Imperfective Aspect
Change the italicized word to the correct form of the verb.
1) Co ty *robić* jutro?
2) Czy my *zrobić* lekcję na piątą godzinę?
3) On chętnie *dać* pieniądze biednym ludziom.
4) Wy jutro *oddać* nam piłkę.

B. Months and Numerals
Translate the italicized words into Polish.
1) *September* ma *thirty* dni.
2) W *May* oni obchodzą *forty-fourth* rocznicę ślubu.
3) Kiedy ma *February twenty-nine* dni?

C. The Past Tense of Verbs
Translate the following words into Polish:
1) Alex *rode* pociągiem *all night*.
2) On *was thinking* o kocie.
3) My *had* lody wczoraj.
4) One *did not understand the professor*.
5) Ty ładnie *sang* na koncercie.

D. The Locative Case
Give the correct form of the indicated noun.
1) On ma kominek *in the house*.
2) Ci studenci mało wiedzą *about history*.
3) Zazwyczaj *at night* jest chłodniej niż w dzień.
4) Marysia zawsze dużo mówi *about Robert*.

E. Expressing Possession
Translate the following sentences into Polish:
1) Her husband is sick.
2) They are sitting in his car.
3) This pen is theirs.

F. Adjectives in Agreement with Plural Nouns.
Give the correct Polish form of the italicized adjective.
1) Ta pani sprzedaje *old* jabłka.
2) To są *good* ludzie.
3) Oni mieszkają w *beautiful* domach.
4) Jutro będę powtarzał *the fifth* lekcję.

G. The Future Tense
Give the correct form of the italicized word
1) Ty *do* to jutro.
2) On *will be doing* swój raport w niedzielę.
3) My *will read* tę książkę przed końcem tygodnia.
4) Dlaczego Marysia *will travel* do Krakowa pociągiem?
5) Mój ojciec *will sleep* po obiedzie.

* * *

CHAPTER ELEVEN

CONVERSATION I: At the Auto Repair Shop
(On the Way Back from Gdańsk)

W drodze powrotnej z Gdańska do Warszawy Jack i Jill Waters
1 2 1 2 1 3 4 1 2
mieli awarię wozu. Złamała im się tylna oś. Musieli oddać
3 2 2 1 2 3 4 4
samochód do naprawy. W Polsce nie zawsze można od razu
5 6 7 8
dostać części do samochodu. Ale tym razem państwo Waters
1 1 1 1 2
mieli szczęście. Mimo to, będą musieli zanocować w motelu.
1
Rozmawiają z mechanikiem.

1 2 1 1 1 2 2
Mechanik: Mają państwo szczęście! Mogło być o wiele
3
gorzej.

Jack Waters: Naprzykład?

1 2 3 4
Mechanik: Naprzykład mógł pan zepsuć skrzynię
5
biegów.

1 1 2
Jill Waters: Albo silnik mógł nawalić. I tak jest nie za
3 4
dobrze, bo dziś powinniśmy już być w
5
Warszawie, a będziemy tam dopiero jutro.

1 2 1 1 1
Mechanik: To też prawda. Ale co zrobić? Jak jest, tak
1
jest.
1 2 3 4 5 6
Jack Waters: Ile ta przyjemność będzie nas kosztować?

Mechanik: Nie wiem jeszcze na pewno.
1 1
Jill Waters: No, ale mniej więcej.
1
Mechanik: Chyba z sześćset dolarów.
1 2
Jack Waters: Sześćset dolarów? To strasznie dużo!
1 2 3
Mechanik: Może i tak, ale muszę części sprowadzić z
1 2 3 4 3 1
Warszawy. Ale o co się pan martwi? Firma
2 3 4
wypozyczająca wszystko pokryje!
1
Jack Waters: To prawda. Ale w międzyczasie muszę
2 3
wyłożyć z własnej kieszeni.
1 2 3 4 5 6
Mechanik: Ale za dwa dni firma panu zwróci.
1 2 3 1 2
Jack Waters: No dobrze. Chyba tak zrobimy. Co myślisz,

Jill?
1 1
Jill Waters: Ja myślę, że nie ma innego wyjścia.

1 2 3 4 5 6 7
Państwo Waters jutro zapłacą gotówką, a zwrot z firmy dostaną
2 3 3 4
za dwa dni. Za moment pójdą do motelu — i będą kładli się spać,
5
bo już jest późno.

* * *

2 1 2 1
Jack and Jill Waters had a car breakdown on the return trip from
2 3 4 1 1 1 1 2 3
Gdańsk to Warsaw. Their rear axle broke. They had to get the
3 2 3 3 1 2 3 5 5 7&8 6
car repaired. In Poland it is not always possible to get car parts
4 4 1 1
right away. But this time Mr. and Mrs. Waters were lucky.
1 1 1 1 2 2 2 1
Despite this, they will have to spend the night in a motel. They
1 1
are talking to the mechanic.

Mechanic:
2 1 1 1 1 1 1 2
You are lucky! It could have been much
3
worse.

Jack Waters: For instance?

Mechanic:
2 1 1 3
For instance you could have broken the
4&5
transmission.

Jill Waters:
1 1 1
Or the motor could have malfunctioned.
1 2 4
Even so it is not too good, because we
4 3 5
should already be in Warsaw today, but we
5 5
will be there only tomorrow.

Mechanic:
2 2 1 1 1
That is true too. But what to do? Things are
1 1 1
as they are.

Jack Waters:
1 1 4 2 3 4 5
How much will this fun cost us?

Mechanic: I don't know yet for sure.

1 1 1

Jill Waters: Well, more or less.

1 1

Mechanic: Probably about six hundred dollars.

2 1 2

Jack Waters: Six hundred dollars? That's an awful lot!

1 1 1 3 2 2

Mechanic: Maybe so, but I have to get the parts from

2 3 4 3 1

Warsaw. But what are you worried about?

2 1 4 4 3

The rental company will cover everything.

1 1 1

Jack Waters: That is true. But in the meantime I have to

2 2 2 3 3

lay it out from my own pocket.

4 4 6 6 5 6 6

Mechanic: But the company will give you the refund

1 2 3

in two days.

3 3 1 3 2

Jack Waters: Well, alright. We will probably do that.

1 2 2 2

What do you think, Jill?

1 1 1

Jill Waters: I think there is no other solution.

3 1 1 1 2 7 7 7

Tomorrow Mr. and Mrs. Waters will pay cash, and they will get

4 4 5 6 6 1 1

the refund from the company in two days. In a moment they will

1 2 2 2 3 4 4 5 5

go to the motel, and they will be going to sleep, because it is

5

already late.

The Plural of Masculine Nouns Ending in -a

In Chapter Five we discussed the singular of masculine nouns ending in *-a*. As you recall, *-a* is a feminine ending. For this reason, the singular of masculine nouns ending in *-a* is declined according to the feminine declension. But the plural of these masculine nouns is declined according to the masculine plural declension. Many, though not all, of these nouns are of non-Polish origin.

Examples

	singular	*plural*
N.	poeta (poet)	poeci
G.	poety	poetów
D.	poecie	poetom
A.	poetę	poetów
I.	poetą	poetami
L.	(o) poecie	(o) poetach
V.	poeto!	poeci!

N.	mężczyzna (man)	mężczyźni
G.	mężczyzny	mężczyzn
D.	mężczyźnie	mężczyznom
A.	mężczyznę	mężczyzn
I.	mężczyzną	mężczyznami
L.	(o) mężczyźnie	(o) mężczyznach
V.	mężczyzno!	mężczyźni!

N.	kierowca (driver)	kierowcy
G.	kierowcy	kierowców
D.	kierowcy	kierowcom
A.	kierowcę	kierowców
I.	kierowcą	kierowcami
L.	(o) kierowcy	(o) kierowcach
V.	kierowco!	kierowcy!

Expressing Preference

Preference implies that of two comparable elements, one is favored over the other. In Polish, preference is mostly expressed through three patterns: I prefer X to Y.
I prefer X rather than Y.
I prefer X more than Y.

Examples

Wolę jabłko od gruszki.
I prefer the apple to the pear.

Wolę raczej jabłko niż gruszkę.
I prefer the apple to the pear.

Wolę jabłko bardziej niż gruszkę.
I like the apple more than the pear.

Conjugation of *woleć* (to prefer, like)

singular	*plural*
ja wolę	my wolimy
ty wolisz	wy wolicie
on, ona, ono woli	oni, one wolą

The Comparative Degree of Adjectives

When you evaluate the relative merits of two entities, or two groups of entities, you are comparing them. To express that comparison you use the comparative degree of adjectives.

Examples

Mary is *older* than Robert.
This rock is *harder* than all the other rocks in this canyon.

As in English, Polish also has special endings to indicate the comparative degree. Unlike English, those special endings are declined in Polish, and they also indicate the gender and number of the first object of comparison:

Mary jest *starsza* od Roberta.
Ten kamień jest *twardszy* od wszystkich innych kamieni w tym wąwozie.

The insert *-sz-* and *-ejszy* are used to indicate the comparative degree. Place it between the stem (the main part of the adjective) and the ending.

Examples

stary : starszy
twardy : *twardszy.*

The insert *-sz* is used with most adjectives. When, however, an adjective stem ends in two (or more) consonants, then the insert *-ejsz-* is usually used. There are exceptions, such as *twardy* above, where despite the consonant cluster, *-sz-* is used.

Examples

drobny: drobniejszy (small, slight: smaller, slighter)
okropny: okropniejszy (horrible: more horrible)

When an adjective ends in *-ki, -eki,* or *-oki,* drop that ending for the comparative degree and add *-sz* + the appropriate gender/number/case indicator.

Examples

brzydki: brzydszy (ugly: uglier)
gładki: gładszy (smooth: smoother)

In some instances, changes occur in the consonants and/or vowels of an adjective when the comparative degree is used. For instance: wysoki: wyższy; miły: milszy; wąski: węższy; ciężki: cięższy.

Some adjectives have comparative forms that are unique to them: mały: mniejszy; duży: większy; dobry: lepszy; zły: gorszy (small, smaller; big, bigger; good, better; bad, worse).

Sometimes, the comparative degree is indicated by using the word *more* + the adjective in its first degree. This occurs when the adjective is not used with an ending to indicate the comparative degree. For instance, kolorowy (colorful), znany (known). The only way to show comparison then is to use *bardziej*:

Ten krajobraz jest bardziej kolorowy od tamtego.
This landscape is more colorful than that one.

Ten polityk jest bardziej znany niż tamten.
This politician is better known than that one.

Bardziej can also substitute for most other adjectives in the comparative degree: On jest mocniejszy ode mnie.
He is stronger than I.
On jest bardziej mocny niż ja.

However, this composite form of comparison is rarely used with adjectives that can carry normal comparative endings. It is less popular. As the above sample sentences indicate, the English *than* in a comparison sentence: "He is smarter *than* I," is equivalent to either *niż* or *od* in Polish. You can use either. *Niż* means *than* and *od* means *from*. When using *niż* the object of comparison that follows it is placed in the nominative case. When using *od* the object of comparison that follows it is placed in the genitive case. When *od* is followed by *mnie* (me) always add an *-e* to *od*: *ode*.

Examples

On jest bogatszy ode mnie.
He is richer than I.
On jest bogatszy niż ja.

Ona jest piękniejsza od swojej siostry.
She is prettier than her sister.
Ona jest piękniejsza niż jej siostra.

Jurek jest wyższy niż Tomek.
George is taller than Tom.

Jurek jest wyższy od Tomka.
George is taller than Tom.

EXERCISES

I. Dictation. Listen carefully to the tape and write down what you hear. After completing the dictation check it against the written text (this lesson's Conversation unit).

II. Answer the following questions in complete sentences. Don't refer to the conversation unit unless truly necessary.
1. Gdzie Jack i Jill mieli awarię wozu?
2. Co się złamało?
3.Czy w Polsce zawsze można od razu dostać części samochodowe?
4. Ile będzie kosztowała państwa Waters naprawa samochodu?
5. Czy firma wypożyczająca zwróci koszty naprawy?
6. Gdzie muszą nocować państwo Waters?

III. Decline the following masculine nouns in the singular and the plural: turysta (tourist); flecista (flutist); zabójca (murderer).

IV. Translate into Polish:
1. I prefer blondes to brunettes.
2. She prefers white shoes rather than black shoes.
3. We like good students more than bad students.
4. They prefer to eat bread rather than rice.

V. Add the correct endings or fill in the indicated word.
1. Stal jest *harder* niż kamień.
2. Julia jest mądrzejsz___ niż Robert___.
3. Ten kot jest *older* od tego *dog*.
4. Ten sweter jest *nicer* niż tamten sweter.
5. Ci studenci są *smarter* niż tamci *students*.

VI. Write a one-page autobiography.

* * *

CHAPTER TWELVE

CONVERSATION: Visiting an Art Gallery (Zachęta)

1 1
Państwo Waters nareszcie dojechali do Warszawy. Mechanik
1
naprawił ich samochód — wymienił oś. Jack i Jill zatrzymali się
1 2 1
znów w Hotelu Marriott. Postanowili odwiedzić Zachętę — jedno
2 3 4 5 6
z najsławniejszych miejsc ekspozycji sztuk pięknych w Polsce.

1 2 3 4 5
Dzisiaj w Zachęcie jest nowa wystawa obrazów słynnego polskiego
6 1
malarza Jacka Malczewskiego. Państwo Waters oglądają obrazy
2 3 4
tego sławnego symbolisty.

1 2 3 4
Jill Waters: Jack, pierwszy raz widzę obrazy tego
5
artysty. To naprawdę piękne płótna.
1
Jack Waters: To jeden z moich ulubionych artystów.
1 2 3 4 5 6
Jill Waters: Czy można tu kupić katalog wystawy?
1 2 3 4
Chciałabym móc pokazać reprodukcje tych
5 6 7
obrazów naszym przyjaciołom w Nowym

Jorku.
1 2 3 4 5 6
Jack Waters: Na parterze jest kiosk — może tam będzie.

Jill Waters:
1 1 2 3
Czy Zachęta istnieje od dawna?

Jack Waters:
1 1 2 3
Tak, została założona przed pierwszą wojną
4
światową przez towarzystwo miłośników
sztuk pięknych żeby zachęcić ludzi do
1
kultywowania znajomości i miłości do sztuk
2
pięknych.

Jill Waters:
1 2 3
Aha, stąd pochodzi ta nazwa. "Zachęta" po
1
angielsku znaczy "encouragement." To
2
rzeczywiście dobra nazwa.

Jack Waters:
1 2 3
Czy chcesz jeszcze zobaczyć stałe zbiory w
Muzeum Narodowym?

Jill Waters:
1 2 3 4 1 2
Może odłóżmy to na jutro. Dużo się
2 3 5
nachodziłam, a mam nowe buty, które mnie
6
uwierają.

Jack Waters:
1 2 3 4
No dobrze, to chodźmy do tego kiosku
5 1 2 2
na parterze. Może już będą mieli katalog
3
wystawy.

* * *

1 1 1
Mr. and Mrs. Waters finally made it to Warsaw. The mechanic
1 1
fixed their car—he exchanged the axle. Jack and Jill stayed at the
2 1 1 1 2
Marriott Hotel again. They decided to visit Zachęta—one of the
2 2 3 & 4 6 5
most famous galleries of fine arts in Poland.

2 3 1 6 6
There is a new exhibition of paintings in Zachęta today by the
4 5 6 1
famous Polish painter Jacek Malczewski. The Waterses are
1 1 4 2 3 4
looking at the paintings by this famous symbolist.

3 3 3 5 4 5 1
Jill Waters: Jack, I am seeing paintings by this artist for
1 1 2
the first time. These are really beautiful

canvasses.
1 1
Jack Waters: This is one of my favorite artists.
1 1 2 4 4 5 5 6 6
Jill Waters: Is it possible to purchase a catalog of the
6 3
exhibition here? (i.e., more idiomatically:
1&2 5 5 6 6 6 4
Can a catalog of the exhibition be
4 3 1 1 1 2 2 2
purchased here?) I would like to be able
3 3 5 4 5 7
to show reproductions of these paintings to
6 7
our friends in New York.
3 3 4 4 4 1 2 2
Jack Waters: There is a small store on the ground
2 6 6 6 5
floor—maybe it will be there.

1 1 1 2 3 3 3
Jill Waters: Has Zachęta been here (for) a long time?
1 1 1 4 3 2
Jack Waters: Yes, it was founded before World War I by

the Society of Lovers of the Fine Arts to

encourage people to cultivate awareness
2 1
and love for the fine arts.
1 3 2 2
Jill Waters: Aha, that's where the name comes from.

"Zachęta" in English means "encourage-
1 2 2
ment." That is truly a good name.
1 2 3 2
Jack Waters: Do you still want to see the permanent

collection in the National Museum?
1 2 2 2 3
Jill Waters: Maybe we should postpone it until
4 2 2 2 1 1
tomorrow. I've walked around a lot,
3 6 6
and I have new shoes which are chafing
5
me.
1 2 3 4 4 5
Jack Waters: Well okay, so let's go to that store on the
5 5 2 2 1 2
ground floor. Maybe they will already have
3 3 3
the catalog of the exhibition.

* * *

Verbs of Motion: iść, chodzić, jechać, latać, pływać, biegać

(to go, to walk, to ride, to fly, to swim, to run)

Verbs of motion are quite important to the Polish speaker. Many subtleties of expression have been devised to indicate the quality, the direction, and the position of the motion. For instance: "biegać" means "to run," but "pobiegać" means "to run a little bit with no serious intent;" for instance, a mother may say to her child: "Idź pobiegaj sobie." : "Go run around a little."
The direction of a given motion is indicated by the use of prefixes. For instance, to indicate motion away from somewhere, the prefix "od" is used: "Okręt powoli oddalał się od brzegu.": "The ship slowly moved away from shore." The direction of the motion is also indicated by such prefixes as "w": "samochód wjechał w tunel." : "The car drove into the tunnel."

A more complete discussion of verbs of motion is to be found in second-level grammar texts. In this lesson we will discuss the basic indicators used with verbs of motion, and how they change the meaning of the verb.

Incidentally, the difference between "iść": to go, and "jechać": to go by means of a land vehicle, is very important, and should always be kept in mind.

Let us now explore verbs of motion in conjunction with three pairs of prefixes:

do-	to, toward
od-	away from
na-	over, on
pod-	under, beneath, up to
u-	to get away from (escape) by means indicated through the verb (i.e., to fly off, to run off; to progress part of the way toward the destination)

za-	after, behind, to drop by (by means of motion indicated in the verb); to drop by now and then

Examples of Verbs with the above Prefixes:

iść	to go
dojść	to go up to (some physical place or object or goal)
odejść	to go away from
chodzić	to walk
dochodzić	to walk up to, or to walk up to some place frequently; also: to investigate
odchodzić	to walk away from
jechać	to go (by land vehicle)
dojechać	to come up to (by land vehicle)
odjechać	to go away from (by land vehicle); to drive off
lecieć	to fly
dolecieć	to fly up to
odlecieć	to fly away from, to fly off toward another destination
pływać	to swim
dopływać	to swim up to
odpływać	to swim away from
biegać	to run
dobiegać	to run up to
odbiegać	to run away from

Sample Sentences

On idzie do kina.
He is going to the theater.

On odchodzi od kina.
He is walking away from the theater. (This sentence also has a figurative meaning: He is getting away from theater, i.e., is weaning away from it.)

John najechał rowerem na chodnik.
John rode onto the sidewalk with his bicycle.

John jedzie rowerem.
John is riding his bicycle.

John podjechał rowerem pod balkon.
John rode his bike beneath the balcony.

John ujechał kawał drogi rowerem i się zmęczył.
John rode part of the way on his bike and got tired.

Ptak uleciał.
The bird flew off.

Ptak odleciał.
The bird flew away (toward a destination).

The Superlative Degree of Adjectives

To form the superlative (highest) degree of adjectives, take the comparative form and add the prefix naj- (most).

Examples

comparative degree	*superlative degree*
ładniejszy (prettier)	najładniejszy (prettiest)
gorszy (worse)	najgorszy (worst)
lepszy (better)	najlepszy (best)
tańszy (cheaper)	najtańszy (cheapest)
wyższy (higher)	najwyższy (highest)

Like all adjectives, the superlative degree is declined for number, gender and case.

Example

		singular	
	masc.	*fem.*	*neuter*
N.	najtańszy	najtańsza	najtańsze
G.	najtańszego	najtańszej	najtańszego
D.	najtańszemu	najtańszej	najtańszemu
A.	najtańszy	najtańsza	najtańsze
I.	najtańszym	najtańsza	najtańszym
L.	najtańszym	najtańszej	najtańszym
V.	najtańszy!	najtańsza!	najtańsze!

		plural	
	virile *		*non-virile*
N.	najtańsi		najtańsze
G.	najtańszych		najtańszych
D.	najtańszym		najtańszym
A.	najtańszych		najtańsze
I.	najtańszymi		najtańszymi
L.	najtańszych		najtańszych
V.	najtańsi!		najtańsze!

* virile = masculine, human. Non-virile means masculine non-human, feminine, and neuter.

Sample Sentences

Harvard wybiera najlepszych studentów.
Harvard selects the best (male) students.

Radcliffe wybiera najlepsze studentki.
Radcliffe selects the best (female) students.

Expressing Needs

To express the need for something the following phrases are most commonly used:

Potrzeba mi :	I need
Brak mi :	I need (lack)
Chcę :	I want

Both *potrzeba* and *brak* are accompanied by the appropriate pronoun in the dative case. For instance:

	singular	*plural*
1st. pers.	brak mi	brak nam
2nd pers.	brak ci (tobie)	brak wam
3rd pers.	brak, jemu, jej	brak im

The entire "phrase of need" governs the genitive case, in other words, the object of the phrase is in the genitive case.

Sample sentences

"phrase of need" "object of phrase"
Potrzeba jemu jeszcze *dwóch dni* do skończenia krzyżówki.
He needs (requires) two more days to finish the crossword puzzle.

"Ph. of n." "obj. of phr."
Brak mi *dziesięciu centów* na gumę.
I need (lack) ten cents for gum.

The Genitive Plural

The genitive plural of masculine and feminine nouns ends mostly in *-i* or *-y*. Masculine nouns with stems ending in a soft consonant and *-l* and feminine nouns ending in *-a* have the *-i* added to the stem for the genitive plural. Other masculine and feminine nouns end in *-y*. A small group of masculine nouns has the *-ów* ending, i.e. pan : panów, kot : kotów, pies : psów. Neuter nouns most often have no ending in the genitive plural, e.g. słowo : słów, imię : imion. There are a few cases where the neuter genitive plural ending is *-i*, or *-y*, e.g. dziecko : dzieci, narzędzie (tool) : narzędzi; wybrzeże (shore) : wybrzeży, etc.

Examples

masc.:	*nom. plural*	*genitive plural*
	hotel	hoteli
	autobus (bus)	autobusów
fem.:	kość (bone)	kości
	rzecz (thing)	rzeczy

EXERCISES:

I. Dictation. Listen carefully to the tape and write down what you hear. After completing the dictation check it against the written text (the Conversation in this lesson).

II. Answer the following questions in complete sentences. Try not to refer to the conversation unless you have a complete memory block.

1. Co zrobił mechanik?
2. Jak się nazywa hotel w którym zatrzymali się Państwo Waters?
3. Co Jack i Jill zdecydowali odwiedzić w Warszawie?
4. Jaką szkołę malarstwa reprezentuje Jacek Malczewski?
5. Czy obrazy Malczewskiego podobały się Jill?
6. Co chciała Jill kupić w Zachęcie?
7. Na którym piętrze jest kiosk?
8. Co znaczy "Zachęta" po angielsku?

III. Write down the English translation of the two introductory paragraphs of the conversation in the unit. Now, without looking at the text, render these sentences into Polish. Upon completion check your result against the original Polish. If you don't have a perfect score restudy the text. Try the translation again.

IV. Translate the following sentences into English.
1. Jan idzie do parku.
2. Elżbieta doszła do drzewa.
3. Zosia odejdzie od okna kiedy będzie ciemno.
4. Pies podpłynął do brzegu.
5. Pies odpłynął od brzegu.
6. Wszyscy studenci jechali pociągiem.
7. One dojechały do Krakowa wieczorem.

V. Supply the correct form of the missing adjective. Then translate the sentence into Polish.
1. To jest *the prettiest* dziewczyna w Krakowie.
2. Zosia kupiła *the cheapest* krzesło w całym sklepie.
3. Te greckie monety są *older* od tych rzymskich, ale tamte egipskie są *the oldest* ze wszystkich.
4. Tom zawsze był *the tallest* chłopcem w klasie.
5. *The best* jabłka pochodzą z Ukrainy.

VI. Translate the following sentences into Polish.
1. I need four dollars.
2. Jerzy has one hundred złotys, he still needs one thousand złotys to buy this newspaper.
3. Zosia wants that Mercedes.
4. They needed more water.

VII. Place the indicated nouns in the genitive plural. Write out the entire sentence. Then translate into English.
1. *Dziecko* jeszcze nie ma w domu.
2. To jest pałac tych *pan*.
3. To kość naszych *pies*.
4. Czy niema gdzieś ładniejszych *kwiat*?

CHAPTER THIRTEEN

CONVERSATION I: Attending a Concert

Jack i Jill zdecydowali pójść na koncert Filharmonii

Warszawskiej. Tego wieczoru dyrygentem jest Jerzy Maksymiuk.
1 2 3 4
Państwo Waters siedzą już na sali koncertowej. Kupili dość
1
drogie bilety i mają wyborne miejsca w środku sali.

Jill Waters: Jack, zapomnieliśmy kupić programy u
1 2
drzwi. Czy pamiętasz kto jest solistą?
1
Jack Waters: Nasz Garrick Ohlsson będzie grał drugi
2 3 4
koncert fortepianowy F-moll Szopena.
1 2 3 2 4 5 6
Jill Waters: Ohlsson, zdaje mi się, zdobył tu jakąś
7
nagrodę.
1 2 3
Jack Waters: Tak. Był laureatem międzynarodowego
4 5 6 7
konkursu imienia Fryderyka Szopena w

Warszawie, kilka lat temu. To bardzo

utalentowany pianista.

1
Jill Waters: Sala jest pełna. Widocznie Ohlsson jest tu
2
popularny.

1 2 3
Jack Waters: O, tak. Po pierwsze, jak wiesz, Polacy zawsze
4 5 6
mieli sentyment do Amerykanów, a po
7 8
drugie, wybredni słuchacze muzyki
9
poważnej w Warszawie doceniają Ohlssona.

Jill Waters: Sala jest piękna. Czy była odbudowana po
drugiej wojnie światowej?

Jack Waters: Tak. Tak jak cała Warszawa.

1
Jill Waters: Już członkowie orkiestry wychodzą na
1
scenę. Oto Maksymiuk. A teraz, tak, to chyba
Ohlsson. Solista i dyrygent kłaniają się sali.
Podają sobie ręce. Dyrygent podnosi
1 1
pałeczkę. Ohlsson siada do fortepianu.
1 2 3
Chyba za głośno mówię z wrażenia —
1 2 3
wszyscy się na mnie oglądają!

Jack Waters: To też uspokój się i słuchaj koncertu!

* * *

Jack and Jill decided to go to a concert of the Warsaw Philharmonic. This evening the conductor is Jerzy Maksymiuk. The
2 1 4 3
Waterses are already seated in the concert hall. They bought
1
rather expensive tickets and have splendid seats in the middle of
1 1
the hall.

Jill Waters: Jack, we forgot to get programs at the door.
2 2 1
Do you remember who the soloist is?
4
Jack Waters: Our Garrick Ohlsson will play Chopin's
1 3 2
second Piano Concerto in F Minor.
2 2 3 3 1 4 7 7
Jill Waters: It seems to me that Ohlsson won an award
6 6 6 5
of some sort here once.
1 1&2 5&6
Jack Waters: Yes. He won first prize in the Frederick
7 3 4
Chopin International (Piano) Competition
in Warsaw several years ago. He is a very
talented pianist.

Jill Waters: The hall is filled. Apparently Ohlsson is
2 1
popular here.

1 & 2 4
Jack Waters: Oh, yes. First, as you know, the Poles have
3 4 5 5 5 5 5 5
always had a soft spot in their hearts for
6 & 7
Americans, and second, refined listeners of
9 8
serious music in Warsaw appreciate Ohlsson.

Jill Waters: The hall is beautiful. Was it rebuilt after
World War II?

Jack Waters: Yes. Just like all of Warsaw.

1 1
Jill Waters: The members of the orchestra are coming
1
out onto the stage. Maksymiuk enters. And now,
1 1
yes, it looks like Ohlsson. The soloist and
the conductor are bowing to the audience.
They are shaking hands. The conductor is
1 1 1 1 1
raising his baton. Ohlsson is sitting down
3 3 1 2
at the piano. Maybe I'm talking too loud
3 1
out of excitement—everyone is looking at
2
me!

Jack Waters: So then calm down and listen to the concert!

* * *

Verbs of Motion, continued

Let us now take a close look at the differentiation in meaning between the various verbs of motion. In English we use the verb "to go" in all sorts of contexts to indicate different types of motion. For instance:

He is going to the movies.
She is going to Chicago by train.
They are going to Hawaii by plane.
We will go to Bermuda by sailboat.

We of course also use such verbs as: walk, fly, sail, but it is not necessary to do so. In Polish, you have to use specific verbs to indicate specific types of motion. The Polish equivalent of the above English sentences is:

On idzie (i.e., is walking) do kina.
Ona jedzie (i.e., is riding on) pociągiem do Chicago.
Oni lecą na Hawaje samolotem.
Popłyniemy na Bermudy żaglówką.

In addition, it should be remembered that the perfective and imperfective aspects apply to verbs of motion as they do to almost all Polish verbs—thus indicating that the action is either completed (past tense), viewed as to be completed (future tense), is going on in the present tense (imperfective) or is viewed as not completed in the future (imperfective). For instance:

On idzie do kina. : imperfective, present tense

Ona chodzi do kina. : imperfective, indicates repetition

On pójdzie do kina. : perfective, future tense, indicates that the action is viewed as completed in the future.

Płyniemy na Bermudy żaglówką: imperfective, does not indicate when the action will begin or end

Popłyniemy na Bermudy żaglówką.: perfective, indicates that the action is to begin in the future and is viewed as completed.

Here is a further sampling of a verb of motion and its meaning. Watch how the meaning of the verb changes—not only in terms of the type of direction the motion undergoes, but also in terms of overtones of meaning which alter what the verb denotes.

lecieć	: to fly
dolecieć	: to fly up to the given destination
przylecieć	: to arrive at the destination by air (also, denotes to arrive somewhere in a great hurry)
ulecieć	: to fly off (as in escaping by flight) [considered archaic]
odlecieć	: to fly away (toward a destination)
zalecieć	: to fly to a distant destination, i.e., to arrive at a distant destination by air
nadlecieć	: to fly onto one's destination
podlecieć	: to fly up to the destination from underneath. Both *nadlecieć* and *podlecieć* have overtones of furtiveness.
wylecieć	: to fly out of a contained area. Also means to get fired; to get ejected.
wlecieć	: to fly in; also means to fall into an enclosed area
oblecieć	: to fly in; also means (colloquial) to run around, usually to hastily see a number of points of interest.

Impersonal Phrases

Impersonal phrases are those in which no particular person is indicated as the doer of an action. In Polish the impersonal form is rendered by adding the reflexive particle *się* (oneself) to the third person singular of that verb. Verbs which are not reflexive verbs work best in impersonal phrases. Reflexive verbs (those that habitually come with the particle *się*, such as myć się: to wash oneself), are not used in impersonal phrases.

Sample sentences

Nie robi się tego tutaj.: That is not done here.

W tym pokoju nie mówi się głośno.: One does not speak loudly in this room.

Tu mówi się po angielsku.: English is spoken here.

The Reflexive Pronoun Siebie

The reflexive pronoun "siebie" indicates that the subject and object are identical. In other words, the subject performs an action on itself.

"Siebie" has neither a nominative nor a vocative case. It also does not differentiate for number and gender, because the number and gender is already indicated in the subject. Here is how this pronoun is declined.

G. siebie; D. sobie; A. siebie, się; I. sobą; L. sobie.

Sample sentences

Marysia utleniła sobie włosy.
Marysia bleached her hair.

Oni zrobili sobie dużo kłopotu.
They made a lot of trouble for themselves.

The Dative Plural

The dative plural has one ending for all three genders: ***-om***. For instance: (masc.) pan:panom; (fem.) kobieta:kobietom; (neut.) krzesło:krzesłom. The following nouns, while having the same ending in the dative plural as all other nouns, have consonantal and vowel changes in the stem: brat:braciom; dziecko:dzieciom; przyjaciel:przyjaciołom.

Sample sentences

Niektórym profesorom zdaje się, że wszystko wiedzą.
To some professors it seems that they know everything.

Dajcie tym dzieciom coś jeść.
Give these children something to eat.

Ten łobuz ubliża tym kobietom.
This rogue is slighting these women.

Expressing Opinions

As in English so in Polish—opinions are usually prefaced with qualifiers—sometimes out of modesty, often out of caution: I think that...; it seems to me that..., etc.

Sądzę, że	in my opinion
Myślę, że	I think that
Wydaje mi się,* że	It seems to me that
Wierzę, że	I believe that
Czuję, że	I feel that

Sample sentences

Sądzimy, że sędzia ma rację.
In our opinion the judge is right.

Myślę, że świeże powietrze dobrze robi na nerwy.
I think that fresh air is good (lit.: does good) for nerves.

Wydaje mi się, że słonie mają krótką pamięć.
It seems to me that elephants have short memories.

Wierzymy, że nie będzie trzeciej wojny światowej.
We believe that there will not be a third world war.

Czuję, że mnie kochasz.
I feel that you love me.

EXERCISES

I. Dictation. Listen carefully to the tape and write down what you hear. After completing the dictation check it against the written text (The dictation is the conversation in this unit).

II. Answer the following questions in complete sentences. Try not to refer to the conversation unit unless you absolutely cannot remember.

1. Kto jest dyrygentem orkiestry?
2. Jakiej narodowości jest solista?
3. O czym zapomniała Jill wchodząc do sali koncertowej?
4. Co będzie grać solista?
5. Jak się nazywa "baton" po polsku?

---

* Wydaje się takes the dative of the pronoun, i.e., "mi," "nam," etc.

III. Fill in the missing prefix. Write out the entire sentence. Finally, translate each sentence into English.

1. Ptaki ____ leciały na południe.
2. Pies ____ leciał cały dom.
3. Statek _____ płynie jutro z Nowego Jorku.
4. Tomek _____ biega do drzwi domu.
5. Wczoraj Ewa____ szła do kina.

VI. Change the sentences below into impersonal phrases. Then translate both versions of each sentence into English.

1. Tu mówimy po chińsku.
2. W Anglii jedzą "meat pies."
3. Nie palimy papierosów w miejscach publicznych.
4. Do Polski ludzie latają polskimi liniami lotniczymi LOT.
5. W teatrze mowa jest o teatrze.

V. Complete the sentence with the appropriate form of the reflexive pronoun. Then translate each sentence into English.

1. Ona lubi mówić o ____.
2. On widzi ____w lustrze.
3. Od dłuższego czasu oni nie są____.
4. Mówiąc źle o innych można tylko zaszkodzić ____. (Note: zaszkodzić takes the dative).
5. Oni myślą tylko o____.
6. Kiedy patrzymy w lustro, widzimy ____.

VI. Complete the following sentences with the appropriate dative plural. Then translate the sentences into English.

1. Jerzy powiedział *przyjaciel* o swojej wycieczce.
2. Marysia oddała pożyczki *bank*.
3. *Dzieci* nie daje się twardych cukierków.
4. Ten człowiek przeszkadza *wszyscy ludzie*.
5. Ewa zazdrości *swoja koleżanka*.

VII. Translate the sentences below into Polish using the appropriate opinion phrase.

1. In my opinion parks are important for cities. (Note: "city" is "miasto.")
2. We feel that prices will go up. (Note: "up" is "w górę.")
3. It seems to them that they are strong.
4. She thinks that she is beautiful.
5. I believe he knows.
6. The Court believes that the law is good. (Note: "Court" is "sąd.")

* * *

CHAPTER FOURTEEN

CONVERSATION I: Preparing for a Party

1 1
Jack i Jill Waters przygotowują się na przyjęcie u przyjaciół. Są
1 2 3 1 1 2
imieniny Kasi Czarneckiej. W Polsce obchodzi się przede
2 3 1 2
wszystkim imieniny. Kasia Czarnecka mieszka niedaleko Placu
3 4 1 2 2 2
Trzech Krzyży. Przyjęcie zaczyna się o ósmej. Dochodzi w pół do
2 1 2 3
ósmej. Jack i Jill pójdą do mieszkania Kasi.

Jack Waters: Jill, czy panowie muszą być w garniturach?

Ja wolę dżinsy i koszulę.

1 2 3
Jill Waters: Chyba dżinsy wystarczą.

1 2
Jack Waters: Idę do łazienki ogolić się. Zaraz będę
3
gotów.

1 2
Jill Waters: Ja muszę się uczesać. Pośpiesz się.

Jack Waters: Dobrze, dobrze.

Jill Waters: Czy dojdziemy tam w dziesięć minut?
1 1
Nie chcę się spóźnić.

Jill Waters: Nie martw się. Jeżeli będzie za mało
1 2
czasu, to pojedziemy taksówką. Taksówki

zawsze stoją przy wejściu. Już

skończyłem. Łazienka jest twoja.
1
Jill Waters: Dziękuję. Będę gotowa za moment.

W kilka minut później Jack i Jill opuszczają swój hotelowy pokój
1 2
i zjeżdżaja windą do recepcji na parterze.

Portier: Czy przywołać państwu taksówkę?

Jill Waters: Tak, proszę.

1 2
Za* chwilę siedzą w taksówce i jadą do Kasi Czarneckiej.

CONVERSATION II: At the Party

Mieszkanie Kasi Czarneckiej jest obszerne: cztery pokoje z kuchnią i balkonem. Państwo Waters muszą iść piechotą na trzecie piętro, bo nie ma windy. Jill puka do drzwi. Drzwi się otwierają.

---

* *za* = after; here translated as later.

1 1 2 3

Kasia Czarnecka: O! Witam! Cieszę się bardzo, że jesteście.

Jill Waters: Cześć, Kasia!

1 1 2

Kasia i Jill całują się i ściskają.

Kasia Czarnecka: Cześć, Jack!

Jack Waters: Serwus, Kasia!

Jack i Kasia całują się w policzek.

Kasia Czarnecka: Chodźcie, kochani.

1 2

Jack i Jill wchodzą do mieszkania. Trochę gości już jest.

Wszyscy witają się z przybyszami. Kasia podprowadza Jacka i Jill

1 2

do baru, gdze mąż Kasi, Jarek, przygotowuje napoje.

Jarek Czarnecki: Cześć, dziatki! Czego się napijecie?

Jill Waters: Jak się masz, Jarek. Wybacz, trochę trudno przywitać cię z za kontuaru. Ale nachyl się, daj buźki.

Jarec Czarnecki: Z radością!

1
Jarek nachyla się ku niej z nad butelek. Całują się. Potem to
2 3 4 5 6 1 1
samo robią Jarek i Jack. Coraz więcej ludzi wypełnia mieszkanie.
1 1 1 1 2
Wszyscy bawią się dobrze do późna. Wreszcie Jack i Jill idą do
3
domu, o drugiej nad ranem.

CONVERSATION I: Preparing for a Party

1 1 1
Jack and Jill Waters are getting ready for a party at their friends'
1 2 3 1 1 3 3
house. It is Kasia Czarnecka's name day. In Poland the name day
1 1 2 2 2 1 1 1
is observed above all else. Kasia Czarnecka lives not far from
3 4 2 1 1 1 2
Three Cross Square. The party begins at eight. It is almost seven
2 1 1 3 2
thirty. Jack and Jill will walk to Kasia's apartment.

Jack Waters: Jill, do the men have to wear suits? I prefer
jeans and a shirt.
2 3 1 3
Jill Waters: Jeans will probably suffice.
2 2
Jack Waters: I am going to the bathroom to shave. I will
2 3 1 1
be ready right away.
2 1
Jill Waters: I have to comb myself. Hurry up.

Jack Waters: Okay, okay.
1
Jill Waters: Will we walk over there in ten minutes? I
1 1
don't want to be late.

1
Jack Waters: Don't worry. If there isn't enough time* we
1 1 2 2 1 2
will go by taxi. Taxis always stand by the
entrance. I'm done. The bathroom is yours.
1 1
Jill Waters: Thanks. I'll be ready in a moment.

Several minutes later Jack and Jill leave their hotel room and
1 2 2 1
take the elevator down to the lobby on the ground floor.

Doorman: Shall I get you a taxi?

Jill Waters: Yes, please.

2 2 1
A moment later they are sitting in a cab and riding to Kasia
Czarnecka.

* * *

CONVERSATION II: At the Party.

Kasia Czarnecka's apartment is large: four rooms with kitchen and a balcony. The Waterses have to walk up to the fourth** floor, because there is no elevator. Jill knocks on the door. The door opens.

---

* lit.: If there will be too little time

** Polish 3rd = American 4th floor, because Am. 1st = Polish ground floor.

Kasia Czarnecka: Oh! Welcome![1] I[1] am[2] so happy[1] that you[3] are[3] here![3]

Jill Waters: Hi, Kasia!

Kasia and Jill kiss[1] and hug.[2]

Kasia Czarnecka: Hi, Jack!

Jack Waters: Hi, Kasia!

Jack and Kasia kiss on the cheek.

Kasia Czarnecka: Come on in, dears.

Jack and Jill walk into the apartment. Some of the guests are[2] already[1] there.[2] Everyone greets the arrivals. Kasia walks Jack and Jill over to the bar, where Kasia's[2] husband,[1] Jarek, is preparing drinks.

Jarek Czarnecki: Hi, kids! What'll you drink?

Jill Waters: How are you, Jarek. Forgive me—it's a little hard to greet you from behind the counter. But lean over, give me a kiss.

Jarek Czarnecki: Gladly! (lit.: with joy!)

Jarek leans over toward her from behind* the bottles. They kiss.
4 5 6 3 1 2 1 1 1
Then Jarek and Jack do the same. More and more people fill the
1 1 1 1
apartment. Everyone has a good time until late in the evening.
1 2&3
Jack and Jill finally go home at 2 a.m.

* * *

Verbs: The Reflexive Voice (Verbs with "się")

The form of the reflexive voice indicates that the subject of the sentence is both the doer and the one to whom the action is done. The action reflects back onto the person performing it.

Most Polish verbs can be reflexive as well as non-reflexive. For instance:

On czesze konia.
He is combing the horse.

On się czesze.
He is combing his hair.

Some Polish verbs have no reflexive form, such as: pracować: to work; czytać: to read, etc. Some Polish verbs exist in the reflexive sense alone, as: przyglądać się: to gaze at, look at something—takes the dative; opiekować się: to take care of something/someone—takes the instrumental case.

If two or more reflexive verbs appear in a sentence, the second one does not need the particle "się". For instance:

Jarek kąpie się i czesze co rano.
Jarek takes a bath and combs himself every morning.

---

* *z nad* literally means: from above

Śmiać się is another verb which always is reflexive; it is always accompanied by z + the genitive case. For example:

Beata śmieje się z tego pana.
Beatrice is laughing at that man.

The Prefixes "do" and "za" with Verbs of Motion

"Do" (to, towards) and "za" (indicator of completion) are often used with verbs of motion. "Do" indicates movement up to the destination, while "za" usually indicates that the movement was undertaken and completed. "Za" also indicates motion toward a distant goal that is or shall be completed (motion further than might normally be expected).

Sample sentences

Jan doszedł do muru i stanął.
Jan walked up to the wall and stopped.

Samolot doleciał na jednym silniku.
The airplane made it to its destination on one engine.

Jan zaszedł na szczyt góry.
Jan walked to the top of the mountain.

Wieloryb zapłynął aż do fiordu zimą.
The whale swam all the way to the fiord in winter.

Plural Masculine Nouns Ending in -i, -owie

A sizeable group of virile (i.e., masculine, human) nouns have the ending *-i* in the nominative plural, such as: sąsiedzi (neighbors); mężczyźni (men); klienci (clients); bliźni (kin). Another group of virile nouns has the ending *-owie* in the nominative plural. This set of nouns encompasses various family relations, military rank (though not all military ranks), and certain professions. For instance: mężowie (husbands); synowie (sons); inżynierowie (engineers); profesorowie (professors); generałowie (generals); kapitanowie (captains).

Asking Questions without Using the Particle "Czy"

Sample sentences

Czy lubisz czytać książki?
Lubisz czytać książki?
Do you like to read books?

Czy możemy zacząć zebranie?
Możemy zacząć zebranie?
Can we begin the meeting?

As the above interrogative sentences indicate, the same question can be phrased with or without the interrogative particle "czy". The voice always rises slightly at the end of the last word in the sentence.

EXERCISES

I. Dictation. Listen to the tape and write down what you hear. Check what you have written against the written text (Conversation I of this lesson).

II. Answer the following questions in Polish, using complete sentences.
1. Na czyje imieniny idą państwo Waters?
2. Czy w Polsce bardziej ważne są imieniny, czy urodziny?
3. Gdzie mieszka Kasia Czarnecka?
4. Jak duże jest mieszkanie Kasi?
5. Co robią przyjaciele w Polsce, gdy* się spotykają?
6. O której Jack i Jill wrócili do swojego hotelu?

III. Translate the following sentences into Polish.
1. Jack washes himself in the morning.
2. She is gazing at the cat.

---
* "gdy" is an abbreviated form of "kiedy" (when), and is frequently used in contemporary Polish.

3. Polish is spoken here.
4. They are laughing at the joke.
5. We love each other very much.

IV. Complete the indicated verb of motion with the appropriate prefix. Use either "do" or "za", then translate the sentence into English.
1. Ptak _____ leciał do drzewa i usiadł na gałęzi.
2. Samolot _____ leciał do Paryża aż z Australii.
3. Biegacz _____ biegł do mety.
4. Statek _____ płynie do Le Havru po długiej podróży.
5. On ledwo _____ płynął do brzegu.

V. Translate the word indicated into Polish. Then translate the entire sentence into English.
1. Twoi *neighbors* są bardzo mili.
2. *The generals* zebrali się w moim namiocie.
3. Nasi *clients* zawsze płacą na czas.
4. *The sons* tej matki są bardzo dobrzy dla niej.
5. *The assistants* profesora bardzo go lubią.

VI. Formulate five interrogative sentences in Polish without using the interrogative particle "czy".

VII. Write a short essay (one-half page to one page in length) about the last birthday—or name day!—party you attended.

CHAPTER FIFTEEN

CONVERSATION I: In the Bookstore on Foksal Street

Czas wstąpić do księgarni i kupić trochę książek. Państwo
1 2 3 4 1
Waters wiezieni są przez taksówkarza na ulicę Foksal. Jadą ulicą
2 2
Nowy Świat, potem skręcają na prawo, i zatrzymują się przed

księgarnią.

Jill Waters: Jack, proszę zapłać.
1 2 1
Jack Waters: Ile jestem Panu winien?

Taksówkarz: 40,000 (czterdzieści tysięcy) złotych.

Jack Waters: Proszę, trzy dolary. Niech pan zatrzyma resztę.

Taksówkarz: Dziękuję.

1
Jack i Jill wchodzą do księgarni. Jest tu dużo nowych tytułów:

wydawnictwa Polskiej Akademii Nauk (PAN), Państwowego
2 3 4
Instytutu Wydawniczego (PIW), Państwowego Wydawnictwa
5
Naukowego (PWN) i wielu innych. Jill kupuje trzy książki, jedną

1 2
z historii literatury polskiej, jedną z historii polskiej sztuki
3 1 2 3 3 3
nowoczesnej i jedną z muzykologii. Jack na nic nie może się
4
zdecydować. Płacą ekspedientce i wychodzą.

1
Jack Waters: Pospacerujmy trochę. To piękna uliczka.
1
Jill Waters: To jakiś stary budynek.

Jack Waters: Prawdopodobnie przedwojenny.

Jill Waters: Patrz, tu jest wejście.
1
Jack Waters: To jest brama, tędy można wejść na

podwórko. Chodźmy.
1
Jill Waters: Tu jest jakby zupełnie inny świat. Czuję się,

jakbym była w starej, przedwojennej

Warszawie.
1
Jack Waters: Bo to jest jeden z niewielu budynków
2 3 3 3
przedwojennych, który nie został zburzony
4
przez Niemców podczas Powstania
5
Warszawskiego.

Po chwili Jack i Jill wracają do rzeczywistości — wychodzą na

ulicę.

* * *

It is time to go over to a bookstore and buy a few books. The
2 2 1 4 3
Waterses are being taken by the taxi driver to Foksal Street.
2 2 1
They are driving down Nowy Świat (New World) Street, then

they turn right, and stop in front of a bookstore.

Jill Waters:	Jack, please pay.
	1 1 2
Jack Waters:	How much do I owe you?
Taxi driver:	40,000 złotys.
Jack Waters:	Here are three dollars. Keep the change.
Taxi driver:	Thank you.

Jack and Jill walk into the bookstore. There are many new titles
1
here: publications of the Polish Academy of Sciences (PAN), of
3 2
the Government Publishing Institute (PIW), of the Government
5 4
Scientific Publishers (PWN), and others. Jill buys three books, one
3
on the history of Polish literature, one on the history of modern
1 2 3 3 4 4 1
Polish art, and one on musicology. Jack is unable to decide on
2
anything. They pay the (female) clerk and leave.

1
Jack Waters: Let's stroll a little. This is a beautiful little
1
street.

1 1 1
Jill Waters: This is some sort of an old building.

Jack Waters: Probably pre-war.

Jill Waters: Look, here's the entrance.

Jack Waters: This is the gateway, you can enter the
1 1
courtyard through here. Let's go.

1
Jill Waters: This is like an entirely different world. I

feel as if I were in old, pre-war Warsaw.

2
Jack Waters: Because this is one of the few pre-war
1 3 3 3
buildings which was not razed by the
4 4
Germans during the Warsaw Uprising.

After a moment Jack and Jill return to reality—they exit onto the street.

* * *

Verbs: The Past Participle

There are two participles in Polish: the present and past participle. They are, functionally, similar to adjectives because they modify nouns. They are declined according to number, case and gender, and they agree with the noun they modify in number, case, and gender.

The past participle modifies the noun by denoting an action that is performed upon the noun. In other words, the noun is a passive agent.

To form the past participle take the past tense stem of either the perfective or imperfective verb and add the appropriate suffix. There are three types of suffixes and the one that is used depends on the ending of the past tense stem. The three endings are: *-ny*, *-ony*, and *-ty*.

Examples

Verb	Past Participle				
	singular			plural	
	masc.	*fem.*	*neuter*	*virile*	*non-virile*
Dać (to give)	dany	dana	dane	dani	dane
czytać (to read)	czytany	czytana	czytane	czytani	czytane
gonić (to chase)	goniony	goniona	gonione	gonieni	gonione
chronić (to protect)	chroniony	chroniona	chronione	chronieni	chronione
zamknąć (to close)	zamknięty	zamknięta	zamknięte	zamknięci	zamknięte
dąć (to blow)	dęty	dęta	dęte	dęci	dęte

Verbs: The Passive Voice

There are three voices in Polish, as in English: the active, reflexive, and passive. In Polish they are called "sides" (strony). The passive voice indicates that the subject of the sentence is the object of the action—but in this case the subject does not perform the action. When the subject is the object of the action and also the performer of the action, that is the reflexive voice.

Examples

Active Voice	present tense:	On podnosi nóż. He is raising the knife.
	past tense:	On podniósł nóż. He raised the knife.
	future tense:	On podniesie nóż. He will raise the knife.
Passive Voice	present tense:	Nóż jest podnoszony przez niego. The knife is being raised by him.
	past tense:	Nóż był podniesiony przez niego. The knife was raised by him.
	future tense:	Nóż będzie podniesiony przez niego. The knife will be raised by him.

The passive voice can be formed with both the imperfective and perfective verbs. The passive voice is rarely used.

For imperfective verbs, take the auxiliary (helping) verb *być* (to be) in whatever necessary tense and add the past participle of the main verb.

For perfective verbs, take the auxiliary verb *zostać* (to remain) and add the past participle of the main verb.

Example: the verb *nosić* (to carry) in the passive voice, and in the present, past and future tenses.

<u>present tense</u>

	masc.	*fem.*	*neuter*
ja jestem	noszony	noszona	--
ty jesteś	noszony	noszona	--
on jest	noszony	--	--
ona jest	--	noszona	--
ono jest	--	--	noszone
my jesteśmy	noszeni	noszone	noszone
wy jesteście	noszeni	noszone	noszone
oni są	noszeni	--	--
one są	--	noszone	noszone

<u>past tense</u>

ja byłem	noszony	--	--
ja byłam	--	noszona	--
ty byłeś	noszony	--	--
ty byłaś	--	noszona	--
on był	noszony	--	--
ona była	--	noszona	--
ono było	--	--	noszone
my byliśmy	noszeni	--	--
my byłyśmy	--	noszone	noszone
wy byliście	noszeni	--	--
wy byłyście	--	noszone	noszone
oni byli	noszeni	--	--
one były	--	noszone	noszone

<u>future tense</u>

ja będę	noszony	noszona	--
ty będziesz	noszony	noszona	--
on będzie	noszony	--	--
ona będzie	--	noszona	--
ono będzie	--	--	noszone
my będziemy	noszeni	noszone	noszone
wy będziecie	noszeni	noszone	noszone
oni będą	noszeni	--	--
one będą	--	noszone	noszone

Sample sentences

Po bitwie ranni żołnierze byli wynoszeni przez sanitariuszki.
After the battle the wounded soldiers were carried out by nurses.

Te książki są czytane co tydzień.
These books are read every week.

Po tej ulewie będę zmoczony od stóp do głów.
After this downpour I will be soaked from head to toe (lit.: from feet to heads).

The Prefixes "na" and "u" with Verbs of Motion

Here are some examples of how these two prefixes function with certain verbs of motion. "Na", generally, means "on"; "u", generally, means "at", but also "away from".

nosić	to carry
unosić	to get carried away; to carry away
nanosić	to carry onto; to layer something onto something else
chodzić	to walk
uchodzić	to be taken as
lecieć	to fly, to run
ulecieć	to escape by air (now considered archaic)
jechać	to drive, to ride (in a land vehicle)
ujechać	to ride a distance
najechać	to ride on top of something; to invade by vehicle

Sample sentences

Ten cień nachodzi mnie w moich snach.
That ghost importunes me in my dreams.

Ptak uleciał z klatki.
The bird escaped from the cage.

Rycerz najechał koniem na namiot i zgniótł go.
The knight rode onto the tent with his horse and crushed it.

The Accusative Plural

For masculine human (virile) nouns, the accusative plural and genitive plural are the same.

Example

	professors		
N.	profesorowie	I.	profesorami
G.	profesorów	L.	profesorach
D.	profesorom	V.	profesorowie!
A.	profesorów		

Sample sentences

Acc. pl.:	Czy widziałaś tych trzech profesorów? Did you see those three professors?
Gen. pl.:	Nigdzie nie ma tych trzech profesorów! Those three professors are nowhere to be found!

Feminine and neuter nouns in the accusative plural have the same ending as the nominative plural.

Examples

	feminine		*neuter*	
N.	sukienki	wiosny	uszy	jabłka
G.	sukienek	wiosen	uszu	jabłek
D.	sukienkom	wiosnom	uszom	jabłkom
A.	sukienki	wiosny	uszy	jabłka
I.	sukienkami	wiosnami	uszami	jabłkami
L.	sukienkach	wiosnach	uszach	jabłkach
V.	sukienki!	wiosny!	uszy!	jabłka!

Games and car models are often masculine inanimate nouns. They have the ending *-a* in the acc. sg. and *-e*, or *-y* in the accusative plural.

Examples

Oni co dzień grają w brydża.
They play bridge every day.

Robert ma polskiego Fiata.
Robert has a Polish Fiat.

Na parkingu widzę tylko polskie Fiaty.
I only see Polish Fiats in the parking lot.

Relative Clauses with "Który" (Which, Who)

Relative pronouns are so called because they relate (refer) back to a noun, demonstrative pronoun or personal pronoun in the main clause of the sentence.

The relative pronoun "który" is declined like an adjective.

	masc. & neuter singular		*fem. singular*
N.	który	które	która
G.	którego		której
D.	któremu		której
A.	który *or* którego		którą
I.	którym		która
L.	(o) którym		której

	virile plural	*non-virile plural*
N.	którzy	które
G.	których	których
D.	którym	którym
A.	które	których
I.	którymi	którymi
L.	(o) których	(o) których

Sample sentences

Matki, które przyszły z dziećmi do parku, już poszły.
The mothers who came with their children to the park have already gone.

Kot, który siedzi na płocie, ma pchły.
The cat which is sitting on the fence has fleas.

Ojcze, Który jesteś w niebie, święć się imię Twoje.
Father, Who art in heaven, hallowed be Thy name.

Declension of the Cardinal Numbers "Dwa" (Two), "Trzy" (Three) and Pięć (Five)

The cardinal numbers are declined like adjectives.

	masc.	*non-masc. & neut.*	*fem.*
Dwa			
N.	dwaj	dwa	dwie
G.	dwóch	dwóch	dwóch
D.	dwóm	dwóm	dwóm
A.	dwóch	dwa	dwie
I.	dwoma	dwoma	dwiema
L.	dwóch	dwóch	dwóch
Trzy			
N.	trzej	trzy	trzy
G.	trzech	trzech	trzech
D.	trzem	trzem	trzem
A.	trzech	trzy	trzy
I.	trzema	trzema	trzema
L.	trzech	trzech	trzech
Pięć			
N.	pięciu	pięć	pięć
G.	pięciu	pięciu	pięciu
D.	pięciu	pięciu	pięciu
A.	pięciu	pięć	pięć
I.	pięcioma	pięcioma	pięcioma
L.	pięciu	pięciu	pięciu

Sample sentences

Ci dwaj profesorowie mają dwa koty.
These two professors have two cats.

Wczoraj widziałem pięciu panów w czarnych kapeluszach z trzema paniami w zielonych sukniach.
Yesterday I saw five men in black hats with three women in green dresses.

EXERCISES

I. Dictation. Listen carefully to the tape and write down what you hear. After completing the dictation check it against the written text (part I of this lesson's Conversation).

II. Answer the following questions in complete sentences. Try not to refer to the conversation unit unless absolutely necessary.
1. W którym kierunku skręciła taksówka z ulicy Nowy Świat?
2. Ile Jack zapłacił taksówkarzowi?
3. Z jakich dziedzin książki kupiła Jill?
4. Czy Jack kupił jakieś książki?
5. Co zrobili państwo Waters po wyjściu z księgarni?

III. Supply the missing endings, then translate the sentence into English.
1. Tygrys został *nadepnąć* przez słonia.
2. Zosia jest *czesać* przez mamę co wieczór.
3. Ten bank będzie *zamknąć* przez władze.
4. Myśmy byli *zawstydzić* przez jej wuja.
5. Jack i Jill zostali *podwieźć* pod księgarnię.

IV. Supply the correct verb form in the sentences below. Then translate the sentence into English.
1. Niemcy _____ na Polskę czołgami we wrześniu 1939 roku.
2. Ptak _____ na gałąź drzewa w ucieczce przed kotem.
3. Ten aktor _____ za najlepszego aktora szekspirowskiego.
4. _____ milę zanim zatrzymał nas policjant.
5. Ten pan ciągle _____ tę panią i jej dokucza.

V. Render the underlined word with the correct accusative plural ending. Then translate the sentence into English.
1. Pies podszedł do starych *człowiek.*
2. On zobaczył z samolotu dwie długie *ulica.*
3. Nauczyciel położył na biurku dwa długopis.
4. Komendant przemówił do swoich *pilot.*
5. Ten sklep sprzedaje *Mercedes.*

VI. Provide the correct case of the relative pronoun. Then translate the sentences into English.
1. Te konie _____ jadły siano, są syte.
2. Janek, o _____ mówisz, to mój kuzyn.
3. Auta, _____ jeżdżą państwo Smith, są bardzo stare.
4. Książka, o _____ mowa, leży na stole, _____ stoi w kuchni.
5. Tu nie ma dzieci _____ szukasz.

VII. Supply the correct form of the indicated numeral. Then translate each sentence into English.
1. Każ tym *trzy* panom usiąść.
2. W tym domu jest *pięć* braci.
3. Kiedy jest głodny, je *dwie* łyżkami.
4. Do prezydenta przyszli *trzy* królowie.
5. My jeździmy do pracy *pięć* autobusami.

* * *

REVIEW AND SELF-ASSESSMENT TEST FOR CHAPTERS 11-15

Section I. Reading Comprehension

a. Answer the questions after listening to the tape.
(Conversation II, Chapter 14)

1. Kto z państwa Waters zapukał do drzwi mieszkania Kasi Czarneckiej?
2. Czy Kasia ucieszyła się, że Jack i Jill przyszli na jej imieniny?
3. Czy goście poszli do domu wcześnie?
4. Co robi Jarek?
5. Czy myślisz, że Jack i Jill wrócili do domu pijani (drunk)?

B Dictation. Write down what you hear on the tape. Then check it with the text addendum that comes with the tapes.

Section II.

A. Verbs of Motion With and Without Prefixes
Give the correct form of the indicated verb.
1. John *is riding* rowerem.
2. My jutro *will go* na plażę.
3. Mucha *flew up to* do stołu i usiadła.
4. Oni często *come* do kościoła.

B. The Comparative and Superlative Degree of Adjectives
Give the correct form of the indicated adjective.
1. Elżbieta jest *ładny* od swojej siostry.
2. Stal jest *mocny* od papieru.
3. Antoni jest *wysoki* niż Roman.
4. Einstein był *słaby* studentem w całej klasie.
5. Zofia kupiła *tani* torebkę jaką mogła znaleźć.

C. Expressing Needs and Opinions

Give the appropriate Polish equivalent.

1. *He lacks* odwagi.
2. Jeszcze *I need* pięć dolarów na ten prezent.
3. *In our judgment* świat się kończy.
4. On *believes that* wszystkie kobiety są piękne.
5. Czy *it seem to you (pl.)* że Ameryka jest najbogatsza?

D. Nouns in the Plural Cases

Give the correct plural form of the indicated noun.

1. Cztery *stół* stały na sali.
2. Anna podzieliła się ciastkiem z *trzy koleżanki*.
3. Ten artykuł jest o *człowiek* Afryki Południowej.
4. My już nie sprzedajemy *kolorowy ołówek*.
5. Proszę daj te parasole tym *małe dziecko*.

E. Asking Questions

Translate the following sentences into Polish.

1. Are you going to Chicago by bus?
2. Is Danuta really (naprawdę) a blonde?
3. What is your baby's name?
4. How old is your car?
5. At what time are they going to sleep?

CHAPTER SIXTEEN

CONVERSATION : Discussing a Famous Author's Evening

1 2 3 4
Wczoraj wieczorem Jack i Jill byli na wieczorze autorskim
5 6 1 2
Stanisława Lema. Było tam wielu pisarzy i mnóstwo miłośników
3 4 5 6 7
fantastyczno-naukowych powieści tego słynnego autora. Jack i Jill
1 2 3 4 5 6 7 8
rozmawiają u siebie w hotelu, przy kawie, o wczorajszym
9
wieczorze.

1 2
Jill Waters: Co sądzisz, czy to był udany wieczór?

Jack Waters: Jak najbardziej! Jednak czegoś brakowało.
Słuchaj! To już nie ten Lem z okresu
„Obłoku Magellana"* czy „Solaris."

1 2
Jill Waters: To prawda. On jest dzisiaj instytucją. Mimo
1 2 3
wszystko to pisarz wielkiej klasy.

Jack Waters: Oczywiście! Stawiam go na równi z Rayem
Bradbury i Isaacem Asimovem.

---

* In Polish, titles of books are placed in quotes. The first quote is always at the bottom of the line, while the final quote mark is always at the top of the line.

1 2
Jill Waters: Nie znam się na hierarchiach literackich.
1
Ale musisz przyznać, że goście byli

ciekawi. Tego rodzaju ludzie—pisarze,
1 2 3 4
artyści, ludzie twórczy mają coś w sobie
5
niebywałego, podnoszącego, inspirującego.

Jack Waters: Czy nie przesadzasz? Poprostu Lem, lekarz
1 2
z zawodu, ma także płodną wyobraźnię i
3 4
wyrobił sobie gładki styl narracji.
1 2 3 4 1 2
Jill Waters: Sienkiewiczem on nie jest, ale w historii
3 4 5
polskiej literatury fantastyczno-naukowej
6 7 8 9
to chyba największy talent.
1
Jack Waters: Podaj cukier, proszę. Dziękuję. Zgoda. I jako
2 3 4 5 6
człowiek ma jakiś czar, który przyciąga

ludzi do niego.
1 2 2 2
Jill Waters: Najbardziej podobali mi się młodzi ludzie z

ich pytaniami. I podobały mi się jego

odpowiedzi.

Jack Waters: No tak. On umie podejść do swoich
1
młodych czytelników w taki sposób, że ich
2 3
nie zawstydza.

Jill Waters: Patrz! Mam jego podpis na tytułowej stronie

„Cyberiady."

Jack Waters: On chyba podpisywał dwudziestoma
1 2
różnymi długopisami. Zamęczali go o te

dedykacje.
1 1 2 3
Jill Waters: Nie wiadomo czy nadaży się znow okazja

aby rozmawiać osobiście ze Stanisławem
1 2 3 4 5
Lemem. A tymi dedykacjami i potomkowie
6 7
uczestników wieczoru będą mogli się

cieszyć.
1
Jack Waters: Uważaj! Nie wylej kawy! Czas spać. Zgaś
2
światło, proszę.

* * *

1 & 2 5 6 4
Yesterday evening Jack and Jill attended Stanisław Lem's author's
3 2 3 5
evening. There were many writers and a multitude of fans of this

6 7 3 & 4 7
famous author's science-fiction. Jack and Jill are talking about
8 9 1 2 2 3 4 4 5 6
yesterday's evening in their room in the hotel, over coffee.

2 1
Jill Waters: What do you think, was it a successful evening?

Jack Waters: Most certainly! But something was missing. Listen! It isn't the same Lem from the period of *The Clouds of Magellan* or *Solaris.*

2 1
Jill Waters: That's true. He is an institution today.
2 3 1
Despite everything, he is a high class writer.

Jack Waters: Of course! I put him on a par with Ray Bradbury and Isaac Asimov.

2
Jill Waters: I am ignorant about making literary
1 1 1 1
pecking orders.* However, you must agree, the guests were interesting.

These kind of people—writers, artists,
2 1 5 5 5
creative people, have something out of the
5 3 4
ordinary, uplifting, inspiring about them.

---

* lit.: hierarchies

Jack Waters: Aren't you exaggerating? Simply, Lem, a
2 1
medical doctor by profession, also has a

fertile imagination and has developed a
4 3
smooth narrative style.

2 4 3 1 6 7
Jill Waters: He is no Sienkiewicz*, but he's probably
8 8 9 1 2 2 3 3
the greatest talent in the history of Polish
4 & 5
science-fiction.

Jack Waters: Pass the sugar, please. Thank you. Agreed.
3 3 4 4 4 5 1 2
And he also has some kind of charisma as a
2 6
person that attracts people to him.

2 2 1
Jill Waters: I liked best the young people with their

questions. And I liked his answers.

Jack Waters: Well yes. He knows how to approach his
3 3
young readers in such a way that he does
2 3 1
not embarrass them.

Jill Waters: Look! I have his autograph on the title page

of *The Cyberiad*.

---

* Polish novelist, winner of Nobel Prize in 1905.

Jack Waters:
He probably signed with twenty different
1 1 2
pens. They really pestered him about those

inscriptions.

3 1 1
Jill Waters:
Who knows if the opportunity will present
1 2
itself again to speak personally with
1 2 5
Stanisław Lem. Meanwhile, even the
5 6 6 7 7 7
descendants of participants in the evening
2 2 3
will be able to delight in these inscriptions.

Jack Waters:
Careful! Don't spill the coffee! Time to go
1 2 2 1
to sleep. Shut the light off, please.

* * *

Verbs: The Imperative Mood

The imperative mood is the mood of command. Since commands can only be given to a direct recipient of the command, the persons involved are: the second person singular, the first person plural and the second person plural. Let us take a look at the endings for the imperative mood in the four conjugations:

1st Conjugation	2nd Conjugation
płynąć: to swim, to sail	robić: to do, to make
pomóc: to help, to aid	mówić: to say, to speak
kazać: to order someone to to something	chodzić: to walk

Imperative mood:

2nd pers. sing.	*1st pers. pl.*	*2nd pers. pl.*
płyń!	płyńmy!	płyńcie!
pomóż!	pomóżmy!	pomóżcie!
każ!	każmy!	każcie!
rób!	róbmy!	róbcie!
mów!	mówmy!	mówcie!
chodź!	chodźmy!	chodźcie!

3rd Conjugation

czytać: to read
umierać: to die
mieszać: to mix

4th Conjugation

rozumieć: to understand
wiedzieć: to know

Imperative mood:

2nd pers. sing.	*1st pers pl.*	*2nd pers pl.*
czytaj!	czytajmy!	czytajcie!
umieraj!	umierajmy!	umierajcie!
mieszaj!	mieszajmy!	mieszajcie!
rozumiej!	rozumiejmy!	rozumcie!
wiedz!	wiedzmy!	wiedzcie!

***Sample sentences*:**

Już czas; płyńmy! It is time; let us sail!
Ludzie, róbcie co trzeba! People, do what is necessary!
Nie śpij, czytaj! Don't sleep, read!

The Prefixes "pod" (under)) and "przy" (by, near, at) with Verbs of Motion:

podjechać: to drive under, up to

przyjechać: to arrive by driving

podchodzić: to walk under; to stalk

przychodzić: to come to

podpłynąć: to swim up to; to swim under

przypłynąć: to swim to, sail to

podlecieć: to fly under, fly up to in a furtive manner

przylecieć: to fly to, to fly in to

Sample sentences

Moi rodzice przyjechali do mnie wczoraj z Filadelfii.
My parents came to visit me yesterday from Philadelphia.

Rekin podpłynął pod tratwę.
The shark swam up under the raft.

Samolot przyleci na lotnisko o drugiej po południu.
The airplane will fly in to the airport at 2 p.m.

Indicating Generalities (the Use of the Indefinite Particle "-ś")

When an interrogative or relative pronoun is made indefinite in meaning (i.e., it does not apply to a particular person or object) it often gains a meaning which is somewhat distant from the original one. Here is a list of pronouns in the original and in the indefinite form:

gdzie (where)	gdzieś (somewhere)
który (which, who)	któryś (one of)
kogo (of whom, whose)	kogoś (of someone)
kto (who)	ktoś (someone)
co (what)	coś (something)
jaki (what, what kind of)	jakiś (some kind of, some sort of)

Sample sentences

Jaki to kolor?	What color is it?
To jest jakiś kolor.	This is some sort of color or other.
Kogo chcesz zaprosić na obiad?	Whom do you want to invite for dinner?
Oni zaprosili kogoś dziwnego na obiad.	They invited someone strange for dinner.

Indicating Locomotion ("Jechać" plus the Instrumental Case)

When using the verbs "jechać," "lecieć," "płynąć," (in its meaning "to sail") or similar verbs, the vehicle noun is in the instrumental case because it is the instrument by means of which the locomotion is accomplished.

Sample sentences

Franek przyleciał we wtorek *samolotem.*
Frank flew in *by airplane* on Tuesday.

Państwo Waters płyną *okrętem* na Hawaje.
Mr. and Mrs. Waters are sailing to Hawaii *by ship.*

The Instrumental Plural

For masculine nouns the instrumental plural ending is mostly *-ami*: stołami, sąsiadami, profesorami, etc. A small group of masculine nouns take the ending *-mi*: ludźmi, gośćmi, końmi, braćmi, księżmi.

For feminine nouns the instrumental plural ending is also mostly *-ami*, and there are a few exceptions with *-mi*: paniami, książkami, myszami, nocami, but: kośćmi.

The instrumental plural ending for neuter nouns is as for the other two genders *-ami*: słowami, jabłkami, oknami, kinami, imionami.

In poetry and in ceremonial and archaic styles, and in certain popular phrases, the ending *-y* is sometimes used in masculine and neuter nouns only; (masc): dawnymi czasy (in olden times); (neuter): przed laty (years ago); tymi słowy (with these words); innymi słowy (in other words).

Sample sentences

masc.:	Kowboje zasłonili się *stołami*. The cowboys shielded themselves *with tables*.
fem.:	Dzieci rzucały w siebie *książkami*. The children threw *books* at each other.
neuter:	Kije i kamienie mogą połamać mi kości, ale nigdy nie zrobisz mi krzywdy *wyzwiskami*. Sticks and stones may break my bones, but you can never hurt me *with names*.

EXERCISES

I. Dictation. Listen carefully to the tape and write down what you hear. Then check what you write against the text (this lesson's conversation unit).

II. Answer the following questions below in full sentences.
1. Jak się nazywał autor na którego wieczorze autorskim byli Jack i Jill?
2. Wymień tytuły dwóch książek Lema.
3. Kogo Jack woli, Lema czy Asimova?

4. Jak się nazywa najlepszy polski autor powieści fantastyczno-naukowych?
5. Co Jill dostała od autora?

III. Change the indicated verb to the needed imperative form. Write out the entire sentence. Then translate the sentence into English.
1. Jacek, *patrzeć*, tam leci Concorde!
2. *Uważać*, bo inaczej zgubicie się w lesie.
3. *Pić, jeść*, póki mamy czas!
4. Ewa, *sprawdzić* czego chce ten pan.
5. *Iść* spać, bo inaczej dostaniesz klapsa.

IV. Place the right prefix: either "pod" or "przy" on the indicated verb. Make sure to write out the entire sentence. Then translate the entire sentence into English.
1. Samochód _____ jechał pod sam dom.
2. Okręt _____ pływa jutro z Le Havru.
3. O której _____ latuje twój samolot?
4. On _____ chodzi do niej co wieczór o dziewiętnastej.
5. Łódka _____ płynęła pod mur fortecy.

V. Fill in the correct indefinite pronoun. Write out the entire sentence. Then translate it into English.
1. Gdzie jest twoja koszula*? Nie wiem *somewhere* ją położyłem.
2. Czy *someone* z państwa może zaśpiewać "the Star-Spangled Banner?"
3. To *some kind of a* dziwny człowiek, ten Houdini.
4. Tamte panie *something* mówią, ale nie wiem co.
5. Oni już wzięli *someone* do brydża.

VI. Place the correct ending on the indicated noun. Write out the entire sentence in Polish. Then translate into English.
1. Państwo Waters pojechali do Gdańska *samochód.*
2. Paweł jutro poleci do Mińska *samolot.*
3. Anna i Ewa płyną *parowiec* do Paragwaju.

* koszula — a man's shirt
bluzka — a woman's shirt

4. Proszę pana, jak długo jedzie się *pociąg* z Warszawy do Zakopanego?
5. Astronauci jutro polecą *rakieta* na księżyc.

VII. Give the correct ending for the indicàted nouns. Write out the entire sentence. Translate into English.
1. Gospodarz bawił się świetnie ze swoimi *goście* i *bracia*.
2. Nocą Małgorzata słyszała jak koty goniły myszy, które chowały się między *książki*.
3. Ptaki wleciały *okna*.
4. Proszę poczęstuj się *jabłka, wina,* i *sery*, które są tam na stole.
5. Dzieci, wycierajcie się tylko *te niebieskie ręczniki*.

CHAPTER SEVENTEEN

CONVERSATION I: In the Białowieża Forest Preserve

1 2 3 4 5
Na weekend państwo Waters pojechali do Białowieży. Byliby
pojechali wcześniej, gdyby nie wypad do Gdańska.
1 2
Białowieża jest parkiem narodowym i zawiera bardzo rzadkie
3 4 5
gatunki zwierząt i roślin, naprzykład żubry.

Państwo Waters idą na spacer w lesie, po wytyczonej ścieżce.
1 2 3 2 2
Chętnie poszliby lasem na przełaj, ale nie mają odpowiednich
butów.

	1 2 3 4 5 6 7
Jill Waters:	O żubrach już dawno słyszałam; czy łatwo
	6 8 9 10
	można je tu zobaczyć?
	1 2 3
Jack Waters:	Nie mam pojęcia, ale może będziemy mieli
	szczęście.
	1 2
Jill Waters:	Patrz! To chyba dzięcioł stuka tam na
	3
	drzewie!
	1 1 2 3
Jack Waters:	Zdaje się, że tak — a tam na prawo, w
	1 2
	trawie, pełznie wąż, mam nadzieję, że nie
	3 4
	żmija, bo sunie w naszą stronę.

Jill Waters: Chodźmy na tamtą polankę.

1

Państwo Waters skręcają w lewo i wychodzą na dużą polankę.

1 2 3

Jack Waters: Czekaj! Patrz! Tam stoi jeleń!

Jill Waters: Ach, jaki piękny! Czuję zapach koniczyny

1

rozgrzanej słońcem.

1 2 3 4

Jack Waters: Ciekaw jestem czy tu można spotkać kaczki

5 6

albo gęsi.

1 2 3

Jill Waters: Ależ nie. Przecież to nie są leśne ptaki.

Po pewnym czasie państwo Waters zawracają do swojego samochodu.

1 2 3 4 5 6

Jack Waters: Paproci jest tu mnóstwo i mchu dużo.

Jill Waters: No i są też maliny i jeżyny.

Jack Waters: Jest tu naprawdę pięknie.

1

Jill Waters: To prawda. Ale jestem zmęczona. Już mnie

2 3 4

nogi bolą i myślę tylko o wygodniejszych

butach.

1

Jack Waters: A oto parking. Chodźmy do samochodu.

* * *

3 4 5 1 2 2
The Waterses went to Białowieża for the weekend. They would

have gone earlier, were it not for the sidetrip to Gdańsk.
2 1 4
Białowieża is a national park and contains very rare animal and
5 3
plant species, for instance the bison.

The Waterses are going for a walk in the woods, along a marked
2 2 2 1 2 2 3 3
path. They would have gladly cut across the woods, but

they don't have appropriate shoes.

5 5 5 1 2 3 4 4 4
Jill Waters: I have heard about bison for a long time,
6 8 10 10 7 9
can they be seen easily here?
2 2 1 3
Jack Waters: I have no idea, but maybe we will have luck.

Jill Waters: Look! That is probably a woodpecker
2 3 3 1
pecking on a tree there!
1 1 2&3
Jack Waters: It seems so—and there on the right, in
2 1 1
the grass, a snake is slithering, I hope it is
3 3 3 4 4
not a poisonous snake, because it's slithering

our way.

Jill Waters: Let's go over to that glade.

1 1
Mr. and Mrs. Waters turn left and walk out onto a large glade.

3 3 2 2 1 1
Jack Waters: Wait! Look! A stag is standing over there!

Jill Waters: Oh, how beautiful he is! I smell the
1 1 1
fragrance of clover warmed by the sun.
2 2 3 4 5 6
Jack Waters: I am curious if one can find ducks or geese
1
here.
1 1 3 2
Jill Waters: But no. After all, those are not forest birds.

After some time the Waterses turn back to their car.

2 4 4 1 1 3 6
Jack Waters: There's a multitude of ferns here, and a lot
5 5
of moss.

Jill Waters: *Yes* [lit.: well] and there are also raspberries

and blackberries.

Jack Waters: It is really beautiful here.

Jill Waters: That is true. But I am tired. My feet hurt
1 3 2 2 4
already, and all* I'm thinking of is more

comfortable shoes.
1 1 1
Jack Waters: Here's the parking lot. Let's go to the car.

* * *

* "tylko" means "only," but in this context "all" is more suitable.

Verbs: The Conditional Mood

In Polish the conditional mood is used to express mainly two types of action: a) predicating of one action upon another:

Gdybym mógł, to bym poszedł.
If I could, then I would go.

The form is: *gdyby*_____ + 3rd person past tense, *to by*_____ + 3rd person past tense.

Gdybyście wiedzieli wcześniej, to byście uciekli.
If you had known earlier, you would have run away.

Gdyby babcia miała wąsy, to by był dziadek.
If grandma had whiskers, she would have been grandpa.

b) to express polite requests, wishes or apologies. This is done by the use of the past tense of the verb *chcieć*: to want, to desire, with the appropriate ending indicating gender, number and person, plus the infinitive of the regular verb.

Conjugation of "chcieć" in the past tense + conditional mood endings

	singular	*plural*
1st p.masc.	chciałbym	chcielibyśmy
1st p.fem.	chciałabym	chciałybyśmy
2nd p.masc.	chciałbyś	chcielibyście
2nd p.fem.	chciałabyś	chciałybyście
3rd p.masc.	chciałby	chciełiby
3rd p. fem.	chciałaby	chciałyby
3rd p. neut.	chciałoby	chciałyby

Chciałabym podziękować państwu za ten piękny wieczór.
I (fem.) would like to thank you (ladies and gentlemen) for this beautiful evening.

The Prefixes "na-" and "prze-" with Verbs of Motion

najechać:	to drive onto something (in a destructive sense)
nachodzić:	to come upon something or someone (in a sense of surprise)
napłynąć:	to flow (as a river, etc.) onto or into something
przejechać:	to drive through/over something/someone
przechodzić:	to walk across
przepłynąć:	to swim across
przelecieć:	to fly across, to fly through

Sample sentences

Tomek najechał rowerem na gwóźdź
Tommy rode onto a nail with the bike.

Nalot rozpoczął się o piątej rano.
The air strike began at five a. m.

Sonia przepłynęła kanał La Manche.
Sonia swam across the English Channel.

Dzieci przeszły na drugą stronę ulicy.
The children walked across to the other side of the street.

The Locative Plural

This is one of the simpler cases—fortunately, there is only one ending for all three genders in the locative plural: *-ach.*

The locative case is also called the prepositional case, because so many prepositions require that the nouns they accompany have the locative ending. We will take a closer look at prepositions with the locative in Chapter 21.

Adjectives and other noun modifiers have the ending *-ych* (if preceded by a hard consonant) or *-ich* (if preceded by a soft consonant or *-k* or *-g*.

Sample sentences

Rozmawialiśmy wczoraj o koniach.
We talked about horses yesterday.

Dziewczyny były w białych sukniach.
The girls wore (lit.: were in) white dresses.

The Names of Animals and their Declension

We will limit ourselves to the names of the best-known animals.

masc.		*fem.*	
ptak	bird	ryba	fish
kot	cat	krowa	cow
pies	dog	owca	sheep
koń	horse	koza	goat
słoń	elephant	małpa	monkey
jeleń	stag	kaczka	duck
kruk	crow	sarna	deer
wąż	snake	pijawka	leech
lis	fox	gęś	goose
wilk	wolf	mysz	mouse
krokodyl	crocodile	ośmiornica	octopus
tygrys	tiger		
lew	lion		
szczur	rat		
osioł	donkey		
nietoperz	bat		
wieloryb	whale		
rekin	shark		
żółw	turtle		
łabędź	swan		

Sample declensions of animal names

masculine

	singular			plural		
N.	kot	pies	jeleń	koty	psy	jelenie
G.	kota	psa	jelenia	kotów	psów	jeleni
D.	kotu	psu	jeleniowi	kotom	psom	jeleniom
A.	kota	psa	jelenia	koty	psy	jelenie
I.	kotem	psem	jeleniem	kotom	psom	jeleniami
L.	kocie	psie	jeleniu	kotach	psach	jeleniach
V.	kocie!	psie!	jeleniu!	koty!	psy!	jelenie!

masculine

	singular		plural	
N.	osioł	żółw	osły	żółwie
G.	osła	żółwia	osłów	żółwi
D.	osłu	żółwiowi	osłom	żółwiom
A.	osła	żółwia	osły	żółwie
I.	osłem	żółwiem	osłach	żółwiami
L.	ośle	żółwiu	osłach	żółwiach
V.	ośle!	żółwiu!	osły!	żółwie!

feminine

singular

N.	krowa	owca	pijawka	mysz
G.	krowy	owcy	pijawki	myszy
D.	krowie	owcy	pijawce	myszy
A.	krowę	owcę	pijawkę	mysz
I.	krową	owcą	pijawką	myszą
L.	krowie	owcy	pijawce	myszy
V.	krowo!	owco!	pijawko!	myszy!

plural

N.	krowy	owce	pijawki	myszy
G.	krów	owiec	pijawek	mysz
D.	krowom	owcom	pijawkom	myszom
A.	krowy	owce	pijawki	myszy
I.	krowami	owcami	pijawkami	myszami
L.	krowach	owcach	pijawkach	myszach
V.	krowy!	owce!	pijawki!	myszy!

Tydzień (Week) and Dzień (Day) Declined

	singular	*plural*
N.	tydzień	tygodnie
G.	tygodnia	tygodni
D.	tygodniu	tygodniom
A.	tydzień	tygodnie
I.	tygodniem	tygodniami
L.	tygodniu	tygodniach
V.	tygodniu!	tygodnie!

Note: The declension of dzień is like that of tydzień, except that the nominative, accusative, and vocative plural is dni.

EXERCISES

I. Dictation. Listen carefully to the tape and write down what you hear. After completing the dictation check it against the written text (this lesson's Conversation unit).

II. Answer the following questions in complete sentences. Do not refer to the conversation unit unless completely necessary.
1. Co to jest Białowieża?
2. Co się znajduje w Białowieży?
3. Dlaczego państwo Waters nie poszli na przełaj?
4. Czy państwo Waters zobaczyli żubra?
5. Co zapachniało Jill na polance?
6. Czy Jill i Jack zauważyli jakieś jagody w lesie?
7. O czym Jill myślała w powrotnej drodze do samochodu?

III. Give the correct Polish equivalent of the English word—write out the entire sentence. Then translate each sentence into English.
1. Oni *would like* pójść z nami do kina.
2. *If we could* wstać wcześnie, to *we would be able to* dłużej pracować.
3. Czy *you (fem.) would like* posłuchać tej płyty ze mną?
4. Co *would we do* bez niego?
5. *If you would be* cicho, to *I would be able* się uczyć.

IV. Place the properly prefixed verb where indicated. Then translate the sentence into English.
1. Traktor *(past tense)* na węża.
2. Czołgi *(past tense)* wczoraj przez miasto.

3. Delfiny jutro (*future tense*) przez tę cieśninę.
4. Czy często (*present tense*) przez tę ulicę?
5. Woda powoli (*present tense*) do tego jeziora.

V. Place the indicated noun in the appropriate form of the locative plural. Then translate the sentence into English.
1. John zawsze opowiada mi o swoich *kot*.
2. Policja znalazła dużo broni w jego *mieszkanie*.
3. O *jaki książka* mówisz?
4. Starzy ludzie usiedli na *ławka*.
5. Czy wiesz coś o *polskie święto?*

VI. Give the correct Polish equivalent of the indicated animal. Then translate the sentence into English.
1. *Fox* złapał *crow*.
2. *Elephant* jest silnieszy od *lion*.
3. *Cats* lubią łowić *mice*.
4. Już nie ma tyle *sharks* i *whales*, co w dziewiętnastym wieku.
5. LaFontaine napisał bajkę o *monkey*, ale nie napisał nic o *octopus*.

VII. Give the correct form of *tydzień* and *dzień*. Then translate the sentence into English.
1. My chodzimy do szkoły co *day*.
2. Ona spędza całe *days* na przygotowaniu się do koncertu.
3. Który *day* w *week* najbardziej lubisz?
4. Już nie mówmy więcej o tamtych zimnych *weeks!*
5. Jurek wraca do domu najpóźniej za trzy *days*.

VII. Write an essay about your latest visit to a zoo. Describe the animals you saw there.

* * *

CHAPTER EIGHTEEN

CONVERSATION: Digging in the Relative's Garden

1
Dzisiaj Jack i Jill jadą do Milanówka pod Warszawą. Tam
2 3 4
mieszkają krewni Jill, państwo Sierakowscy. Oni mają duży
1 2 3
ogród warzywny i wielki sad w którym uprawiają kilkanaście
4 5
gatunków drzew owocowych.

1 2 3 4 5 6 7
Ubierająca się Jill przypomina czeszącemu się Jackowi o

odpowiednim ubraniu do ogródka.

Jill: Jack, sięgnij proszę po tamte dżinsy.

Jack: Ale one są mocno wygniecione.

1 1 1 2 3
Jill: Nic nie szkodzi, będziemy pomagali cioci i

wujkowi w ogródku.

1
Jack: No dobrze. Jestem gotowy. Czy mam
2 3 1 4
coś jeszcze zrobić czekając na ciebie?

Jill: Chyba nie.

Czterdzieści minut później Jack i Jill przyjechali do państwa Sierakowskich. Jill i Jack przebrali się w dżinsy, i poszli do ogródka razem z Heleną Sierakowską.

1 2 3 1 2 3
Helena: Tam są pomidory. A na następnej grządce
4 1 2
kapusta. Tam dalej mam kartofle, a po
3 4
drugiej stronie rośnie marchewka.
1 2 3
Co wam smakuje, to sobie urwijcie albo wykopcie.

1 2 3
Jill: Dziękujemy, ciociu. Nie ma jak świeże, prosto z ogródka!

1 2 2 2 1 2
Jack: Już mi ślinka leci! To wszystko wygląda tak apetycznie!

1 1 1 2
Helena: Mówili przez radio, że ma być deszcz—w
2 2 3 4
razie czego chodźcie do środka.

Jill: Dziękujemy, ciociu.

1
Helena Sierakowska zawróciła do domu, a Jack i Jill poszli do pomidorów.

1
Jack: To chyba pietruszka, tam, z lewej strony.
1 1
Jill: Tak, a tam dalej widzę seler i rzepę.
1 2 2 3 1
Jack: Tu zaczynają się dojrzałe pomidory. Nie
2 3
ma jak czerwony, słońcem nagrzany

pomidor, ze szczyptą soli!
1 2
Jill: A ja to najbardziej lubię zjeść dojrzałą

gruszkę prosto z drzewa, albo
1 2
brzoskwinię. Tam dalej ciocia ma
3 4
i jedno i drugie.
1 1 2
Jack: Zaczyna się chmurzyć i zrywa się wiatr.
1 2 3
Chodź, zerwijmy z tuzin pomidorów i
4 1 2
zanieśmy cioci na sałatkę. A po drodze
3 4
wykopmy ze dwie cebule do smaku.

Wkrótce Jack i Jill biegną do domu z koszykiem pełnym
1 2 1 1
jarzyn. Zaczął już padać deszcz.

* * *

4
Today Jack and Jill are going to Milanówek outside Warsaw. Jill's
3 2 1 2
relatives, the Sierakowskis, live there. They have a big vegetable
1 3 3 3
garden and a huge orchard in which they grow more than a
3 5 4
dozen varieties of fruit trees.

3 1 2 4 7 5 5 5 6
Jill, dressing herself, reminds Jack as he's combing himself, about
appropriate clothes for the garden.

Jill: Jack, please reach for those jeans.

Jack: But they are badly wrinkled.

1 1 1 2 2 2 3
Jill: That doesn't matter, we will be helping
auntie and uncle in the garden.

1 1 1 1
Jack: Well okay. I am ready. Should I be doing
2 3 4 4
something yet while waiting for you?

Jill: No (lit.: probably not).

Forty minutes later, Jack and Jill arrived at the Sierakowski's. Jill and Jack changed into jeans and went to the garden together with Helena Sierakowski.

3 3 2 1 1 4
Helena: The tomatoes are over there. And cabbage
1 2 2 3 2 1 1
is in the next row. Further over there I have
4 3
potatoes and on the other side, carrots are
3 1 3 3 2 2
growing. Whatever tastes good to you, pick
or dig up.

2 1 3
Jill: Thank you, auntie. There's nothing like
fresh (stuff) straght from the garden!

2 2 2 2
Jack: I'm starting to salivate (lit.: my saliva is
1 2 1
already flowing) already! All this looks so
appetizing!

1 1 1
Helena: They said over the radio that it is supposed
1 1 2 2 2 3&4
to rain—if it should*, come inside.

Jill: Thank you, auntie.

1
Helena Sierakowska turned back to the house, while Jack and Jill went to the tomatoes.

1 1
Jack: That is probably parsley, there, on the left
side.

1 1
Jill: Yes, and further down I see celery and
turnip.

3 2 1 2 2
Jack: The ripe tomatoes begin here. There is
1 3
nothing like a red, sun-warmed tomato with
a pinch of salt!

* lit.: in case of something

2 2 1

Jill: And I like best to eat a ripe pear straight off

2 2 1

the tree, or a peach. Further down there

3 4

auntie has both the one and the other.

2 2 1

Jack: It is beginning to cloud up and a wind is

1 1 1 2 3 3

stirring. Come, let's pick about a dozen

4 4

tomatoes; let's take (them) to auntie for a

1 2 2 3 3 3 4

salad. And along the way let's dig up about

two onions for taste.

Soon Jack and Jill are running home with a basket full of

1 2 1 1 1

vegetables. It already started to rain.

* * *

Verbs: The Present Participle

The present participle is a verb adapted to act like an adjective. It is declined and its endings express gender, case and number. It always agrees with the noun it modifies. The present participle denotes an action performed by the noun. While one cannot place any time limitation on an adjective, for instance: czerwone jabłko (the red apple), there is time limitation implied in the characteristics denoted by a present participle. These characteristics are signalled as being currently in force, for instance: czerwieniejące niebo (the reddening sky).

The present participle is formed from the third person plural of the present tense of imperfective verbs. The 3rd person plural ending is dropped and the ending -*ący* (masc.), -*ąca* (fem.), -*ące* (neuter) is added and also declined.

When using negation with a present participle, the negative -*nie* is used and is always written separately from the participle: nie kaszlący (not coughing); nie paląca (not smoking), etc.; but when *nie* is used with adjectives it is always written together: niedobry chłopak; stół dla niepalących, etc.

Sample sentences

Piszący te słowa jest młodym człowiekiem.
The one writing these words is a young man.

Ryby pływające w tym jeziorze zatrute są rtęcią.
The fish swimming in this lake are poisoned with mercury.

Przez szybę zobaczył myjącą się kobietę.
Through the window pane he saw a woman washing herself.

A Participle Sampler

chodzić: to walk
chodzący: masc. sing. & masc. pl.
chodząca: fem. sing.
chodzące: neut. sing. & fem. & neut. pl.

Chłopiec chodzący wokół tamtego drzewa zgubił zegarek.
The boy walking around that tree lost his watch.

Ludzie chodzący do kościoła lubią się ładnie ubrać.
People walking to church like to dress nicely.

Mysz chodząca po stole zjadła ser.
The mouse walking on the table ate the cheese.

Declension of chodzący/a/e

	singular		
	masculine	*feminine*	*neuter*
N.	chodzący	chodząca	chodzące
G.	chodzącego	chodzącej	chodzącego
D.	chodzącemu	chodzącej	chodzącemu
A.	chodzącego	chodząca	chodzące
I.	chodzącym	chodzącej	chodzącym
L.	chodzącym	chodzącej	chodzącym
V.	chodzący	chodząca	chodzące

plural

N.	chodzący	chodzące
G.	chodzących	chodzących
D.	chodzącym	chodzącym
A.	chodzących	chodzące
I.	chodzącym	chodzącymi
L.	chodzącym	chodzących
V.	chodzący	chodzące

The Vocative Plural

The vocative plural is not often used. Here are some sample forms of the vocative plural.

nom. sing.		*nom. plural*	*voc. plural*
masc.	pisarz (writer)	pisarze	pisarze!
	pies (dog)	psy	psy!
fem.	kobieta (woman)	kobiety	kobiety!
neut.	okno (window)	okna	okna!
	pole (field)	pola	pola!

As is readily apparent, the vocative plural has the same ending as the nominative plural.

Names of Common Plants and their Declension

general names	*specific plant names*
drzewo: tree	cebula: onion
jarzyna: vegetable	jabłoń: apple tree
krzak: bush	jęczmień: barley
kwiat: flower	kalafior: cauliflower
orzech: nut	kapusta; cabbage
owoc: fruit	kartofel: potato
powój: ivy	marchewka: carrot
trawa: grass	ogórek: cucumber
	owies: oats
	pietruszka: parsley
	pszenica: wheat
	róża: rose
	ryż: rice
	rzodkiewka: radish
	sałata: lettuce
	szczypiorek: chives
	śliwka: plum
	żyto: rye

	jarzyna	(fem.)	kartofel	(masc.)
	sing.	*plural*	*singular*	*plural*
N	jarzyna	jarzyny	kartofel	kartofle
G	jarzyny	jarzyn	kartofla	kartofli
D	jarzynie	jarzynom	kartoflu	kartoflom
A	jarzynę	jarzyny	kartofel	kartofle
I	jarzyną	jarzynami	kartoflem	kartoflami
L	jarzynie	jarzynach	kartoflu	kartoflach
V	jarzyno!	jarzyny!	kartoflu!	kartofle!

	drzewo	(neut.)	kwiat	(masc.)
	sing.	*plural*	*singular*	*plural*
N	drzewo	drzewa	kwiat	kwiaty
G	drzewa	drzew	kwiata	kwiatów
D	drzewu	drzewom	kwiatu	kwiatom
A	drzewo	drzewa	kwiat	kwiaty
I	drzewem	drzewami	kwiatem	kwiatami
L	drzewie	drzewach	kwiecie	kwiatach
V	drzewo!	drzewa!	kwiecie!	kwiaty!

Ordinal Numbers Declined

Ordinal numbers indicate the order in which an item appears in a list of items. For instance: the first president of the United States: pierwszy prezydent Stanów Zjednoczonych. Since they modify the nouns they refer to, ordinal numbers are declined like adjectives, and their endings indicate the appropriate gender, number and case.

pierwszy (first)

	singular	*plural*
N.	pierwszy/a/e	pierwsi/sze
G.	pierwszego/ej/ego	pierwsi
D.	pierwszemu/ej/emu	pierwszym
A.	pierwszy/a/e	pierwszych/sze
I.	pierwszym/ą/ym	pierwszymi
L.	pierwszym/ej/ym	pierwszych
V.	pierwszy/a/e	pierwsi/sze

drugi (second)

	singular	*plural* masc./f.+n.
N.	drugi/a/e	drudzy/gie
G.	drugiego/iej/iego	drugich
D.	drugiemu/ej/mu	drugim
A.	drugiego/ą/ie	drugich/ie/ich
I.	drugim/ą/im	drugimi
L.	drugim/iej/im	drugich
V	drugi/a/ie	drudzy/gie

trzeci (third)

	singular	*plural*
N.	trzeci/a/e	trzeci/ie
G.	trzeciego/iej/iego	trzecich
D.	trzeciemu/iej/iemu	trzecim
A.	trzeciego/ą/ie	trzecich/ie
I.	trzecim/ą/im	trzecimi
L.	trzecim/iej/im	trzecich
V.	trzeci/a/e	trzeci/ie

The first several ordinal numbers are: pierwszy: first, drugi: second; trzeci: third; czwarty: fourth, piąty: fifth; szósty: sixth; siódmy: seventh; ósmy: eighth; dziewiąty: ninth; dziesiąty: tenth; etc.

When telling time, ordinal numbers are used, since they modify the word godzina: hour; szósta godzina (six o'clock), o jedenastej godzinie (at eleven o'clock), etc.

The Seasons

There are four seasons in Polish: wiosna: spring; lato: summer; jesień: fall; zima: winter. All are feminine except lato which is neuter. To say: in summer, in winter, etc. use the instrumental case without any preposition: In the spring the birds return. : Wiosną ptaki wracają.

EXERCISES

I. Listen carefully to the dictation on the tape. Write down what you hear. Then compare with the appropriate passage of the lesson's Conversation unit.

II. Please reply to the questions below in full sentences.
1. Co Jack i Jill będą robić w Milanówku?
2. Co mają państwo Sierakowscy oprócz ogrodu warzywnego?
3. Wymień cztery warzywa które rosną w ogrodzie cioci Jill.

4. Które z warzyw najbardziej lubi jeść Jack?
5. Dłaczego Jack i Jill pobiegli do domu?

III. Supply the correct form of the present participle. Write out the entire sentence. Then translate into English.
1. Biegn____ dziewczynka upadła.
2. Wiszą____ jabłko było dojrzałe.
3. Ludzie chodzą____ po plaży jedli kanapki.
4. Kraczą____ kruk wypuścił ser z dzioba.
5. Jurek słuchał grają____ gitarzysty.
6. Proszę daj ten list tamtej czekają_____ pani.
7. Dziadek opowiadał o kaszlą____ koniu.
8. Stąd nie widać płyną____ jachtów.
9. On chciał się przykryć schnąc____ kołdrą.
10. Ona jest jedną z żyja____ bohaterek drugiej wojny światowej.

IV. Give the correct form of the vocative plural. Write out the whole sentence in Polish, then translate it into English.
1. Dziec____! Słuchajcie! (children)
2. Ach, mój____ mił____ panie!
3. Przyjaciel____ ! Rzymian____ ! Rodac____! Nastawcie uszu! (friends) (Romans) (countrymen)
4. Ptaki____ ! Lećcie na południe! (birds)
5. Pol____! Moj____ pol____ ! Znów przykryte śniegiem jesteście! (fields)

V. Write five sentences in Polish using at least eight names of common plants.

VI. Supply the missing word in Polish. Write out the entire sentence. Then translate into English.
1. On jest *first* studentem w swojej klasie.
2. Proszę zanieś ten list temu *second* panu w kolejce.
3. Idziemy na pizzę o godzinie *five*.
4. Anna zdobyła *third* miejsce w konkursie piękności.
5. Już *tenth* raz wołam dzieci na obiad.

VII. Supply the correct form of the indicated season. Translate the sentences into English.

1. *In the winter* jest bardzo zimno w Polsce.
2. Richard nic nam nie powiedział o swoim *summer* na wsi.
3. *Spring* to moja ulubiona pora roku.
4. W Polsce jest piękna *autumn*.
5. Co wolisz: *spring, summer, winter* czy *autumn*.

VIII.

Write a one-page essay about your last gardening experience. Use as many plant words, season words and present participles as you can.

* * *

CHAPTER NINETEEN

CONVERSATION: A Visit to Żelazowa Wola

1 2 2
Żelazowa Wola jest sławnym miejscem, ponieważ tam urodził się
3 4
Fryderyk Chopin. Rozumiejąc historię dziewiętnastowiecznej
1
Polski nietrudno zrozumieć polski kult dla wielkiego muzyka i

patrioty. Żelazowa Wola leży sześćdziesiąt kilometrów za War-
1 2
szawą. Państwo Waters, przestudiowawszy mapę okolic Warszawy,
3
i zakładając, że wycieczka zabierze im cały dzień, zdecydowali
4
wyruszyć wcześnie rano następnego dnia.

1 2 3 4 5 6
Jill: Jack, obok łóżka, na podłodze, leżą moje
7 1 2 3
buty. Czy możesz mi je podać?

Jack: Proszę. Wiesz, czytając broszurkę o
Chopinie i myśląc o wielkich
1 2
romantycznych kompozytorach
3
dziewiętnasto-wiecznych, czuję wielki
podziw dla Chopina.

1 2 2
Jill: Przepraszam, w którym roku on się urodził?

Jack: Dwudziestego drugiego lutego tysiąc

osiemset dziesiątego roku.

Jill: Więc był z pod znaku Wodnika.
1
Jack: Chyba tak. Przeczytałem jego krótką
2 3
biografię w tym przewodniku, ale nic nie
3 4
znalazłem w nim o astrologicznym
5 6
horoskopie Chopina. Wyruszamy jutro z

samego rana.

Następnego dnia, o siódmej rano, państwo Waters pojechali do

Żelazowej Woli. Niestety, pojechali bez aparatu fotograficznego
1 2 2 3 2
—zapomnieli. Przypomnieli sobie o tym, ale nie chciało im się
4
wracać do Warszawy.

1 1 1
Zajechawszy na miejsce, zjedli śniadanie które wzięli ze sobą.
1 2 3 4 5 6
O dziewiątej otworzono dom rodzinny Chopina. Państwo Waters
1 2 3 3
zaraz tam się udali.

1 2 3 4 4
Jill: Nikogo tu dziś nie ma oprócz ciebie i mnie.

1
Jack: Bo jesteśmy ranne ptaszki. Nie bój się, o
2 3 4 5
jedenastej będzie pełno ludzi.

Jill: Jack, spójrz na ten portret Chopina w
1 2 3 4
złoconej ramce. Jak on młodo tu wygląda.
1 2
A w którym roku on zmarł?
1 2 2
Jack: Czekaj: tu jest napisane: siedemnastego

października tysiąc osiemset czterdziestego

dziewiątego roku — w Paryżu.
1
Jill: Jak młodo! Miał tylko trzydzieści dziewięć

lat!
1 2
Jack: Podobno zmarł na gruźlicę.

Jill: Co za piękne kwiaty!

Jack: Ten wspaniały wazon z kwiatami oznacza
1 2
miejsce w którym wielki kompozytor
1 2
przyszedł na świat. Tu widocznie stało
3 4
łóżko, na którym leżała matka Chopina

podczas narodzin.

1 2
Wysłuchawszy koncertu o jedenastej — grał Marek Jabłoński,
1 1
świetny polski pianista — Jack i Jill wsiedli do samochodu

i wrócili do Warszawy.

* * *

3 4 2
Żelazowa Wola is a famous place because Frederick Chopin was
2 1
born there. Understanding the history of nineteenth century
1 1 1 1
Poland it is not hard to understand the Polish cult for the great

musician and patriot. Żelazowa Wola lies sixty kilometers outside
1 1 2 2 2
of Warsaw. The Waterses, having studied a map of the area
2 3 3 3
surrounding Warsaw, and assuming that the trip will take them
4 4 4
a whole day, decided to start out early in the morning of the

next day.

Jill:
6 7 5 5 1 1 2 2
Jack, my shoes are [lying] next to the bed
3 4 4 3 2 1 1
on the floor. Can you hand them to me?

Jack:
Here you are. You know, reading the
3 3
brochure about Chopin and thinking about
3 3 1
the great nineteenth century Romantic
2
composers, I feel great admiration for

Chopin.

2 1 2

Jill: Excuse me, in what year was he born?

Jack: On the twenty second of February,

eighteen hundred and ten.

Jill: So he was an Aquarius.

1 1

Jack: I suppose. I read his short biography in this

3 2

guidebook, but I found nothing in it about

6 4 5

Chopin's astrological horoscope. We're

leaving tomorrow, early in the

morning.

The next day, at seven a.m., the Waterses drove to Żelazowa

Wola. Unfortunately, they went without their camera—they

1 1 3 2 2

forgot. Having reminded themselves of this, they did not

2 2 4

feel like returning to Warsaw.

1 1

Having arrived at the site, they ate breakfast which they had

1 1 6 5 4 3 3 1 2 2

taken along. Chopin's family home was opened at nine a.m. The

3 2 1 1

Waterses went there at once.

4 4 1 1 2

Jill: Except for you and me, there is no one here

3

today.

Jack: Because we are early birds. Don't worry,
3 3 3 4 5 5 1 2 2
there will be plenty of people at eleven a.m.

Jill: Jack, look at this portrait of Chopin in a
2 1 4 3
gilded frame. How young he looks here. In
2 1 2
what year did he die?
2 2 2 1

Jack: Wait, it is written here: the seventeenth of

October, eighteen hundred forty nine — in

Paris.
1 1

Jill: How young! He was only thirty nine years

old!
2 1 2

Jack: He supposedly died of tuberculosis.

Jill: What beautiful flowers!

Jack: This magnificent vase with flowers marks
1&2
the spot where the great composer came
2 1
into the world. Apparently here
4 3
stood the bed on which lay Chopin's mother

during childbirth.

1 1
Having listened to the concert at eleven a.m.—Marek Jabłoński,
2 1 1
the splendid Polish pianist played—Jack and Jill got into their car

and returned to Warsaw.

GRAMMATICAL CONCEPTS

The Adverbial Participle

The participle can modify adjectives, as we learned in lessons 15 and 18. It can also modify adverbs. In Polish there is a present and a past perfect adverbial participle.

The present adverbial participle is formed from imperfective verbs by adding *-c* to the third person plural of the present tense of a verb.

Examples

czytają: they are reading
czytając: reading
chodzą: they are walking
chodząc: walking
śpią: they are sleeping
śpiąc: sleeping

Sample sentences:

Oni czytają Miłosza.
They are reading Miłosz.

Czytając Miłosza, kichnąłem.
I sneezed while reading Miłosz.

Moje koty same chodzą na spacer.
My cats go for walks by themselves.

Chodząc po ulicy przyglądałem się gwiazdom.
Walking along the street I gazed at the stars.

Śpiąc, chrapał.
He snored while sleeping.

The Past Perfect Adverbial Participle

The past perfect adverbial participle is formed from perfective verbs by adding either *-wszy* or *-łszy* after a consonant to the stem of the past tense form of the verb.

Examples

zobaczył: he saw
zobaczywszy: having seen
zrobił: he did
zrobiwszy: having done
dobiegł: he ran up to
dobiegłszy: having run up to

Sample sentences

Oni zobaczyli kruka na gałęzi.
They saw a crow on a branch.

Zobaczywszy kruka na gałęzi, złożył się muszkietem do strzału.
Having seen the crow on the branch, he took aim with his musket.

On zrobił jak mu kazali.
He did as he was told.
Zrobiwszy jak mu kazali, odszedł.
Having done as he was told, he left.

Anna, zjadłszy śniadanie, zrobiła pranie.
Anna, having eaten breakfast, did the laundry.

Pies, dobiegłszy do drzewa, zaczął szczekać.
The dog, having run up to the tree, began to bark.

Prepositions with the Genitive

There are several prepositions which take the genitive. They are: *bez, dla, do, koło, obok, od, oprócz, u,* and *z/ze.*

bez: without
dla: for
do: to
koło: next to, about, near to;
od : from
oprócz: except, aside from, besides
z/ze: with

Sample sentences:

Kubek był bez dna,
The cup was without a bottom.

Ten prezent jest dla Delfiny.
This present is for Delfina.

Zanieś zakupy do mieszkania.
Carry the purchases to the apartment.

Mucha brzęczała jemu koło ucha.
The fly buzzed around his ear.

Usiądź obok mnie, powiedział Harry.
"Sit down next to me," said Harry.

Ta strzała jest ode mnie, powiedział Mohikanin.
"This arrow is from me," said the Mohican.

Kto tu jest oprócz nas? spytała królowa.
"Who is here besides us," asked the queen.

Krowa leży chora u weterynarza.
The cow is lying sick at the veterinarian's.

Compound Comparison of Adjectives

In Chapter 2 you learned about the comparative degree of adjectives. Sometimes you may want to compare two qualities or characteristics in a more emphatic way. For instance, that one object is more beautiful than another, or less red than another. To do this, in Polish, you can use the following adverbs: bardziej: more; najbardziej: most; mniej: less; najmniej: least.

Sample sentences

To drzewo jest bardziej rozłożyste od tamtego drzewa.
This tree is more spread out than that tree.

Ser biały jest mniej wonny niż ser kozi.
White cheese is less fragrant than goat cheese.

Sample sentences

Kiedy są twoje imieniny?
When is your name day?

Moje imieniny są piętnastego maja.
My name day is May fifteenth.

Kiedy będzie defilada?
When is the parade?

Defilada będzie piątego października.
The parade will take place October fifth.

EXERCISES

I. Listen carefully to the dictation on the tape. Write down what you hear. Then compare with the appropriate passage of the lesson's conversation unit.

II. Please reply to the questions below in full sentences.
1. Jak daleko od Warszawy leży Żelazowa Wola?
2. W którym wieku żył Chopin?
3. Kto się urodził w 1810 roku?
4. Czy Jack i Jill wzięli ze sobą aparat fotograficzny?
5. W jakim mieście umarł Chopin?

III. Place the correct present adverbial participle ending on the indicated verb, then translate the sentence into English.
1. Edward zasnął na fotelu *czytają* gazetę.
2. *Biegną* potknął się i upadł.
3. *Czekają* na samolot rozmawiał ze stewardesą.
4. Wydawało mi się, że, *wiedzą* o deszczu, nie poszłabyś bez parasola.
5. *Jedzą* śniadanie słuchaliśmy wiadomości.

IV. Place the indicated verb in the past perfect adverbial participle form, then translate the sentence into English.
1. *Powiedział* swoje, wstał i wyszedł z pokoju.
2. *Zajechał* samochodem na Florydę, wynajął dom nad oceanem.
3. *Ujął* ją za rękę, wytarł oczy chustką.
4. *Dopłynął* do zatoki, flota admirała zwinęła żagle.
5. Po lekcji, *zapisał* zadanie, Zosia poszła na obiad.

V. Give the genitive form of the indicated verb and give the Polish equivalent of the indicated preposition.
1. Dziewczyna zginęła *without ślad.*
2. Miotła stała *next to ściana.*

3. Jarosław nie chciał przyjąć pieniędzy *from ojciec*.
4. *Except dziecko* nikogo nie było w pokoju.
5. Pana córka jest *at dentysta*.

VI. Use the appropriate form of comparison. Then translate into English.
1. Druga operacja była *less* bolesna od pierwszej.
2. Attila był *more* dziki niż Dżyngis-Chan.
3. Dzisiaj niebo jest *less* błękitne niż wczoraj.
4. Zosia ma *more* miękkie włosy po użyciu nowego szamponu.
5. Jak sądzisz, czy ta modelka jest *less*, czy *more* zgrabna od tamtej?

VII. Answer the following questions in Polish.
1. Kiedy są twoje urodziny?
2. Kiedy, i w którym dniu tygodnia będzie Boże Narodzenie (Christmas) w tym roku?
3. Kiedy urodził się George Washington?
4. Kiedy jest pierwszy dzień lata?
5. Kiedy rozpoczęła się Druga Wojna Światowa?

VIII. Write an essay about your most recent experience at a music concert.

CHAPTER TWENTY

CONVERSATION: Inside the Royal Castle in Warsaw

1 2
Dziś państwo Waters idą obejrzeć zamek królewski w
1 1
Warszawie. W tysiąc sześćset jedenastym roku król na stałe
1 1 2
zamieszkał na zamku. Przedtem, mieszkał na zamku w Krakowie.

Jill: To jest ta sławna Kolumna Zygmunta, Jack!

Jack: A po tamtej stronie placu stoi Zamek.

Chodźmy.

1 1 1 1
Jill: Na dworze jest tak gorąco. Mam nadzieję,
2 3
że wewnątrz jest chłodniej.

1 2 1 3 4 5 6
Jack: Wydaje mi się, że w sali tronowej na
7 8 9
Wawelu w Krakowie jest piękniej.

1 2 3 4 2
Jill: A mnie się tu bardziej podoba. Jest
1
wytworniej niż na Wawelu.

1 2
Jack: A tu jest sala balowa.

1 2 3 4 5
Jill: Jakie wspaniałe tu musiały być zabawy za
Króla Stanisława Augusta!
1 2 3 4 1 2
Jack: Co w przewodniku jest napisane? W której
3 4
sali jesteśmy?
1 2 1
Jill: Sala marmurowa. Ile kolorów w tych
marmurach!
1 2 3
Jack: Wyobrażam sobie, jak tu było podczas
4 5 1 2 3
wielkich sejmów narodowych. Ilu tu było
Radziwiłłów, Branickich, Potockich,
Ostrogskich, Zamoyskich i innych sławnych
polskich arystokratów!
1
Jill: Podejdźmy do okna. Widzisz, jaki uroczy
1 2 3 4
widok na Wisłę? Z wawelskiego zamku też
5 6
widać Wisłę. Tam jest bardziej interesująca
1
— wije się tak pięknie, płynąc z wyżyn
2
tatrzańskich. A tu jest po prostu duża,
szeroka rzeka.

Jack: Tak mówisz, jakbyś chciała, żeby Kraków
znów był stolicą Polski.

1 2

Jill: Może to niezły pomysł?

1 2 3

Jack: Nie czas teraz na takie pomysły. Polacy cieszą się, że odzyskali wolność, a razem z nią swoją stolicę Warszawę i swój Zamek Królewski.

1

Jill: To prawda. Zobaczmy Katedrę Świętego

2

Jana, a potem idźmy kupić trochę upominków.

1

Jack: Dobrze, dobrze, ale najpierw zobaczmy

2 3

obrazy Canaletta.

Po obejrzeniu obrazów Jack i Jill poszli do Katedry Świętego Jana.

* * *

2 1

Today the Waterses are going to see the Royal Castle in Warsaw.

1 2 2 1

In the year sixteen hundred eleven the king made the Castle his

1 1

permanent residence. Before that he lived in the castle in Kraków.

Jill: This is that famous column of King
Sigismund, Jack!

Jack: And on the other side of the square stands
the castle. Let's go.

1 1 1 2
Jill: It is so hot outside. I hope that it is cooler
3
inside.

1 1 2 2 8 8 9 9 3
Jack: It seems to me that it is more beautiful in
4 4 5 6 7 7
the throne room on Wawel Hill in Kraków.

1 2 2 4 3 1 1
Jill: But I like it better here. It is more elegant
than on Wawel Hill.

2 & 1
Jack: And here is the ballroom.

4 2 2 2 3
Jill: What splendid balls there must have been
1 5
here during King Stanislas Augustus's reign!

3 3 4 1 2 2 3
Jack: What does it say in the guide? Which room
4 4 1
are we in?

2 1 1 1 1 1
Jill: The marble room. There are so many colors
in these marbles!

1 3 3 1 2
Jack: I can imagine what it was like here during
5 4 4
the great national parliamentary sessions.
1 1
How many Radziwills, Branickis, Potockis,
Ostrogskis, Zamoyskis and other famous
3 3 2
Polish aristocrats there were here!

1 1 1
Jill: Let's go up to the window. You see what a
6 6
charming view of the Vistula? The Vistula
5 4 5 1 2 3
is also visible from Wawel Castle. There it
is more interesting—it winds so beautifully,
2 1
flowing from the Tatra highlands. And here
it is simply a large, wide river.

Jack: You are speaking as if you wanted Kraków
to again be the capital of Poland.

1 1 2 2 2
Jill: Maybe that is not a bad idea?

Jack: 3 1 1 2
Now is no time for such ideas. The Poles are happy that they have regained their freedom, and together with it, their capital Warsaw and their Royal Castle.

Jill: 1 1 1 1
That is true. Let us go see the Cathedral of
2 2 2
St. John, and then let us go buy a few souvenirs.

Jack: 1 1 1
Okay, okay, but first let us see the
3 2
Canaletto paintings.

After seeing the paintings, Jack and Jill went to the Cathedral of St. John.

* * *

GRAMMATICAL CONCEPTS

Prepositions with the Accusative and Instrumental

The same preposition in Polish can govern different cases. For instance, *w* is mostly associated with the locative case in its meaning of "in." However, when *w* indicates direction, it governs the accusative case.

Examples

Elżbieta stoi w kałuży. (locative)
Elizabeth is standing in a puddle.

but:

Ogary poszły w las. (accusative)
The hounds went to the woods.

Other prepositions that govern the accusative and indicate direction are: "*na*" and "*nad*." "Na" is used to indicate movement toward a place—as a town, though it also indicates movement that will end up at the edge of a natural body of water, as a stream, river, lake or ocean.

Examples

Jutro pójdziemy na miasto.
We'll go to town tomorrow.

also:

Chłopcy poszli na basen.
The boys went to the swimming pool.

but:

Dzieci latem lubią jeździć nad morze.
In the summer children like to go to the seashore.

Józio poszedł nad rzekę łowić ryby.
Joey went to the river to catch fish.

To indicate time, i.e., to show that the element of time is involved in the activity being discussed, prepositions with both the accusative and the instrumental can be used.

To denote that one action must precede or did precede another action, "przed" plus the instrumental is used:

Dzieci myją zęby przed pójściem spać.
Children brush their teeth before going to bed.

To indicate the day of the week or to indicate the month of an activity, *w* plus the accusative is used:

W maju kwitną kwiaty.
Flowers bloom in May.

Na plus the accusative is used when indicating the length of time some action is to take:
Tych ludzi nie można zostawić samych nawet na dwie godziny.
These people cannot be left alone even for two hours.

Za plus the accusative is used when indicating how much time must elapse before something occurs:
To drzewo zaowocuje za dwa lata.
This tree will bear fruit in (i.e. after) two years.

Three prepositions that are used with the instrumental case to indicate placement by or near an object or site, are: *przed* (before, in front of), *nad* (at the edge of a body of water), and *pod* (under something).

Examples

Dywan leży przed kominkiem.
The rug lies in front of the fireplace.

Pies pobiegł nad jezioro.
The dog ran to the lake.

Niedźwiedź śpi pod drzewem.
The bear is sleeping beneath the tree.

To denote that something or someone is to accompany something or someone else, the preposition "z" is used.

Examples

Ona lubi jajecznicę z szynką.
She likes scrambled eggs with ham.

Pan Kowalski jedzie na wieś z panem Indykiem.
Mr. Kowalski is going to the country with Mr. Indyk.

Counting above 100

"100" or its multiples always precedes the other numerals, for instance:

101 = sto jeden
156 = sto pięćdziesiąt sześć
315 = trzysta piętnaście, etc.
100: sto
200: dwieście
300: trzysta
400: czterysta
500: pięćset
600: sześćset
700: siedemset
800: osiemset
900: dziewięćset
1,000: tysiąc
1,100: tysiąc sto
1,200: tysiąc dwieście
2,000: dwa tysiące
2,100: dwa tysiące sto
3,000: trzy tysiące
3,100 : trzy tysiące sto
4,000: cztery tysiące
5,000: pięć tysięcy
6,000: sześć tysięcy
7,000: siedem tysięcy
8,000: osiem tysięcy
9,000: dziewięć tysięcy
10,000: dziesięć tysięcy
100,000: sto tysięcy
200,000: dwieście tysięcy
1,000,000: milion
1,000,000,000: miliard*
1,000,000,000, 000 bilion

Though numerals are as a rule declined, nonetheless, in numerals above one hundred the first part of the number is *not* declined, unless it is the only "part" such as: one hundredth: setny, but: one hundred first: sto pierwszy.

---

* Polish "miliard" = English "billion"
Polish "bilion" = English "trillion"

Comparative Degree of Adverbs

You have already learned about adverbs: adjective and verb modifiers.

The comparative degree indicates that one situation is more intense than another. Here are some typical adverbs and their comparative forms: note that some are irregular, i.e., the comparative form looks nothing like the original adverb.

Examples

drogo: drożej = expensively: more expensively
miło: milej = pleasantly: more pleasantly
ciepło: cieplej = warmly: more warmly
chłodno: chłodniej = coolly: more coolly
staro: starzej = old: older
słabo: słabiej = weakly: more weakly
mało: mniej = little: less
dużo: więcej = much: more
szybko: szybciej = quickly: more quickly
dobrze: lepiej = well: better
źle: gorzej = badly: worse
wolno: wolniej = slowly: more slowly

Sample sentences

Na Florydzie jest cieplej zimą niż w Bostonie.
In the winter it is warmer in Florida than in Boston.

On wygląda starzej niż jego ojciec.
He looks older than his father.

Balon napełniał się coraz bardziej i bardziej.
The balloon filled up more and more.

The Declension of Last Names ending in -ski, -cki, -a

Polish last names often end in *-ski* and *-cki*. These are both masculine endings and are used to denote a male. The *-a* ending: *-ska, -cka* indicates that the person is a female. Last names in Polish are declined, and those with the above endings have the following general pattern of declension:

Potocki

	singular	*plural*
N.	Potocki	Potoccy
G.	Potockiego	Potockich
D.	Potockiemu	Potockim
A.	Potockiego	Potockich
I.	Potockim	Potockimi
L.	Potockim	Potockich
V.	Potocki!	Potoccy!

Potocka

	singular	*plural*
N.	Potocka	Potockie
G.	Potockiej	Potockich
D.	Potockiej	Potockim
A.	Potocką	Potockie
I.	Potocką	Potockimi
L.	Potockiej	Potockich
V.	Potocka!	Potockie!

Lubomirski

	singular	*plural*
N.	Lubomirski	Lubomirscy
G.	Lubomirskiego	Lubomirskich
D.	Lubomirskiemu	Lubomirskim
A.	Lubomirskiego	Lubomirskich
I.	Lubomirskim	Lubomirskimi
L.	Lubomirskim	Lubomirskich
V.	Lubomirski!	Lubomirscy!

Lubomirska

	singular	*plural*
N.	Lubomirska	Lubomirskie
G.	Lubomirskiej	Lubomirskich
D.	Lubomirskiej	Lubomirskim
A.	Lubomirską	Lubomirskie
I.	Lubomirską	Lubomirskimi
L.	Lubomirskiej	Lubomirskich
V.	Lubomirska!	Lubomirskie!

EXERCISES

I. Dictation. Listen carefully to the tape and write down what you hear. After completing the dictation check it against the written text.

II. Answer the following questions in complete sentences. Try not to refer to the text of the conversation unless absolutely necessary.
1. W którym roku król zamieszkał na stałe na zamku w Warszawie?
2. W którym mieście stoi Kolumna Zygmunta?
3. Czy widać rzekę z okien pałacu królewskiego w Warszawie?
4. Co zobaczyli państwo Waters po obejrzeniu zamku królewskiego?
5. Jak się nazywał malarz, którego obrazy Jack i Jill oglądali w zamku królewskim w Warszawie?

III. Complete the sentence with the appropriate form of the indicated noun. Then translate the sentence into English.
1. Dziewczyny poszły na *miasto*.
2. Wczoraj pojechaliśmy nad *jezioro*.
3. Stare drzewo stoi przed *dom*.
4. W *czerwiec* jest gorąco.
5. Łyżka leży pod *stół*.

IV. Write out the following in Polish.
1. The six hundred thirty third soldier.

2. Eleven thousand seven hundred fifteen and six thousand ninety eight equals seventeen thousand eight hundred thirteen.
3. This is my one thousand and first home run.
4. Fifty four thousand five hundred fifty five people died in the storm.
5. The bank has sixteen billion dollars.

V. Complete the sentence with the correct comparative form of the adverb. Then translate the sentence into English.
1. Samolot leciał coraz *szybko*.
2. Było tak źle, że już *źle* być nie mogło.
3. Oni zapłacili za dywan *drogo* niż my.
4. Mój syn zjadł *dużo* niż twój syn.
5. Zmęczony słoń szedł coraz *wolno* i *wolno*.

VI. Place the indicated last name in the appropriate case. Then translate the sentence into English.
1. Czy widziałeś dzisiaj Danutę *Kłosowska*?
2. W paradzie *Lubomirski* (plural) jechali z *Połoniecki* (plural).
3. Opowiedz mi o Barbarze *Pawęska*.
4. Proszę daj ten list panu *Łucki*.
5. Panie *Morska* (plural) zjadły obiad o trzeciej.

CHAPTER TWENTY-ONE

CONVERSATION: On Leaving Poland

1 2 3 4 5
Bardzo prędko nadszedł ostatni dzień w Polsce dla państwa Waters. Ostatnia noc przeleciała najszybciej ze wszystkich nocy w Polsce. Jack i Jill mieli bardzo dużo rzeczy i ani dosyć miejsca w walizkach, ani ochoty zostawienia czegokolwiek.

	1 2 3 4 4
Jill:	Chyba nigdy nie spakujemy się, Jack. Mamy za dużo gratów.
	1 1 1
Jack:	Masz rację. Ale najeździliśmy się po 2 2 3 4 Polsce, więc nazbierało się trochę rzeczy.
	1 2 3 4 5 6
Jill:	Najmocniej obwiąż tę dużą walizkę bo w 7 8 9 10 niej są wszystkie książki.
	1 2 3
Jack:	Już to zrobiłem.
Jill:	Ktoś puka.
Jack:	Ja otworzę. . .Cześć! Jill, to Sierakowscy. Przyjechali odwieźć nas na lotnisko.

1 2
O dziesiątej rano państwo Waters już byli na lotnisku i przeszli
3 4 1 1 2 1
przez odprawę celną. Pozdrawiali się serdecznie ze swoimi
1 1
krewnymi i przyjaciółmi. Dużo osób przyjechało pożegnać się
2 2 1 2 3 4
z nimi. Wreszcie nadszedł moment startu samolotu. Po chwili
1 2
widać było całą Warszawę i niebieską wstęgę Wisły, a potem już
3 4 5
tylko chmury były pod nimi.

	1 1 1 1 1
Jill:	Popłakałam się. Tak mi tam było dobrze.
	1 2
	Jak szybko leci czas!
	1 2
Jack:	Ale jeszcze wrócimy.

4 4 5 3 1 2
The last day in Poland for the Waterses arrived very quickly. The

last night flew by the fastest of all the nights in Poland. Jack and

Jill had very many things, and neither had enough space in their

suitcases nor willingness to leave anything.

	4 1 4 2&3 4 4
Jill:	We probably will never finish packing, Jack.
	We have too much stuff.
	1 1 1 1
Jack:	You are right. But we've been all over
	2 3 3 4
	Poland, so we accumulated a few things.

2 2 3 4 5 1 1
Jill: Tie up that big suitcase the strongest,
9 10 10 8 6 7
because all the books are in it.

3 1 3 2
Jack: I already did that.

Jill: Someone is knocking.

Jack: I'll open [the door] ... Hi! Jill, the
Sierakowskis came to take us to the
airport.

2 1
By ten a.m. the Waterses were already at the airport and had
3&4 1 2 1
passed through customs. They cordially greeted their relatives
2
and friends. Many people came to see them off. Finally the
2 4 4 4 3 1
moment of the plane's take-off came. After a moment one could
see all of Warsaw and the blue ribbon of the Vistula River, and
1 1 5 5 2&3 4
after that there were only clouds below them.

1 1 1 1 1
Jill: I ended up crying. I felt so good there.
2 1
How quickly time passes.
2 2 2 2 1
Jack: But we will come back again.

GRAMMATICAL CONCEPTS

Declension of "Noc" (Night) and "Rzecz" (thing, matter)

	Noc		*Rzecz*	
	singular	*plural*	*singular*	*plural*
N.	noc	noce	rzecz	rzeczy
G.	nocy	nocy	rzeczy	rzeczy
D.	nocy	nocom	rzeczy	rzeczom
A.	noc	noce	rzecz	rzeczy
I.	nocą	nocami	rzeczą	rzeczami
L.	nocy	nocach	rzeczy	rzeczach
V.	nocy!	noce!	rzeczy!	rzeczy!

The Superlative Degree of Adverbs

The superlative degree of adverbs indicates that the most intense state of the verb or adjective is indicated. Here are the adverbs from chapter 20 in all three degrees.

drogo: drożej: najdrożej
expensively: more expensively: most expensively:

miło: milej: najmilej
ciepło: cieplej: najcieplej
chłodno: chłodniej: najchłodniej
staro: starzej: najstarzej
słabo: słabiej: najsłabiej
mało: mniej: najmniej
dużo: więcej: najwięcej
szybko: szybciej: najszybciej
dobrze: lepiej: najlepiej
źle: gorzej: najgorzej
wolno: wolniej: najwolniej

Sample sentences:

Zimą najcieplej jest na Florydzie.
In the winter it is the warmest in Florida.

Mój balon napełnił się najlepiej.
My balloon filled up the best of all.

Ona wygląda najstarzej ze wszystkich koleżanek.
Of all her female friends she looks the oldest.

Multiple Negation (use of ani...ani; nigdzie; nigdy)

ani. . .ani = neither. . .nor
nigdzie = nowhere
nigdy = never

Sample sentences

Lalki nie ma ani w kuchni ani na strychu.
The doll is neither in the kitchen nor in the attic.

Nigdzie and *nigdy* are always accompanied by a negation of the corresponding verb with the negative *nie*:

Nigdzie nie możemy znaleźć tego pióra.
We can't find that pen anywhere.

Nigdy nie przychodzisz na czas.
You never come on time.

Prepositions with the locative

The object of the preposition takes the case which the preposition governs. As you learned in prior lessons, some Polish prepositions may take more than one case. However, the difference in case governed is dictated by the difference in the meaning of the preposition. For instance, *po* + the locative is used to indicate "in" a given language, po polsku: in Polish, po chińsku: in Chinese; but *po* plus the accusative means "for" in the sense of "to reach for": sięgnał po jej rękę: he reached for her hand. Here are several major prepositions that govern the locative case.

przy: at, by
o: of, about
w: in
na: on
po: in (a language); after

Sample sentences

Nie pal przy stole. Don't smoke at the table.
On mało wie o przeszłości. He knows little about the past.
W domu było cicho i spokojnie. It was quiet and calm in the house.
Detektyw położył pistolet na łóżku. The detective placed his pistol on the bed.
W sklepach na Piątej Alei mówią po francusku.
They speak French in the stores on Fifth Avenue.

EXERCISES

I. Dictation. Listen carefully to the tape and write down what you hear. After completing the dictation check it against the written text. (The dictation is the conversation in this unit).

II. Answer the following questions with complete sentences. Try not to refer to the conversation unit unless you absolutely cannot remember.
1. Czy państwo Waters mieli dosyć miejsca w walizkach na swoje rzeczy?
2. W której walizce były wszystkie książki?

3. Kto odwiózł Jack i Jill na lotnisko?
4. O której przeszli państwo Waters przez odprawę celną?
5. Czy państwo Waters chcą wrócić do Polski?

III. Translate the following sentences into Polish.
1. These birds sing at night.
2. He told us about the cold nights in Alaska.
3. The parliament discussed three matters.
4. Do you see that big thing over there?
5. They slept for five nights.

IV. Give the superlative degree of the correct adverb. Then translate the whole sentence into English.
1. W tamtym sklepie perfumy kosztują *the most.*
2. Ze wszystkich przyjaciół, on biega *the fastest.*
3. Paganini, w swoim czasie, grał na skrzypcach *the best.*
4. Na Alasce jest chłodno, ale na Antarktydzie jest *the coldest.*
5. On z nas wszystkich *the least* mówi.

V. Complete each sentence and then translate it into English. Don't forget the double-negative.
1. *Nowhere* jej ____ można znaleźć.
2. My *never* ____ wychodzimy na spacer bez parasolki.
3. ____ było Róży *neither* w parku *nor* nad jeziorem.
4. Ja *never* ____ wiem co powiedzieć, kiedy dostaję prezent.

VI. Complete each sentence with the correct preposition in Polish and the correct ending for the noun. Then translate each sentence into English.
1. Izabela postawiła samochód *by* garaż____.
2. *About* żołnierz____ nic nie wiedzieli.
3. *In this* góra____ jest dużo złota.
4. Ojciec położył mu dłoń *on* włosy____.
5. *In* Londyn____ mało ludzi mówi ____ francusk____.

REVIEW AND SELF-ASSESSMENT TEST FOR CHAPTERS 16-21

Section I: Reading comprehension

A) Answer the questions after listening to the tape (reading section from Chapter 20).

1. Gdzie mieszkał król Polski przed 1611 rokiem?
2. Czy Jack Waters lubi bardziej zamek królewski w Krakowie czy w Warszawie?
3. Jak się nazywa stolica Polski?
4. Dokąd poszli Jack i Jill po obejrzeniu obrazów w Zamku Królewskim?
5. Czy z zamku widać Wisłę?

Section II:

A) Prefixes with verbs of motion.
Complete each sentence with the properly prefixed verb. Then translate the sentence into English.

1. Okręt *sailed to* do Nowego Jorku o ósmej wieczorem.
2. Lis lubi *to stalk* kury.
3. *Drive up to* pod dom samochodem, bo deszcz pada.
4. Nasz samolot *flew through* przez chmury.
5. Uważaj jak *you (sg.) walk across* przez ulicę.

B) The instrumental, locative and vocative plurals.
Place the indicated noun in the appropriate case, then translate the entire sentence into English.

1. Sto lat temu ludzie często jeździli *by horse (plural)*.
2. *People*! Dlaczego stoicie i gapicie się? [gapić się = to gape]
3. W naszej rozmowie nie było nic o *houses*.
4. Śrut uderzył w *birds* [direction].
5. Śrut tkwił w *birds*. [place]

C) Various functions of numbers

Complete each sentence with the appropriate form of the indicated number. Then translate each sentence.

1. Abraham Lincoln był *sixteenth* prezydentem Stanów Zjednoczonych.
2. My zawsze jemy kolację *at seven o'clock.*
3. *Nine hundred* plus *six-hundred* równa się______.
4. W 1992 roku była *five hundredth* rocznica odkrycia Ameryki.
5. Ola ma *five* braci i *two* siostry.

D) The Participles. Give the correct form of the indicated participle. Then translate the sentence into English.

1. *Myć się* (pres. part.) kot patrzy na mysz.
2. Dzieci *pływać* (pres. part.) w tym basenie są z innego miasta.
3. Wujek zasnął na kanapie *while reading* (adv. pres. part.) Mickiewicza.
4. *While reading* (adv. pres. part.) na lotnisku chłopcy słuchali radia.
5. *Having run up to* do lasu, koń stanął.

E) Plants and animals, declined.

Supply the correct plant or animal name, properly declined. Then translate the sentence into English.

1. Widać z daleka *the duck.*
2. Jutro Janek da więcej trawy swojej *cow.*
3. Zosia najbardziej lubi opowiadać *about flowers* w swoim ogrodzie.
4. Wczoraj Jack był na farmie i objadł się [stuffed himself] *with* [i.e., by means of] *plums, apples, and other fruit.*
5. W naszym lesie rosną [grow] wysokie *trees* i *bushes.*

F) Compound comparison of adjectives

Complete each sentence, then translate into English.

1. Ryszard jest *the most* skromnym człowiekiem jakiego znam.
2. Ten chłop [peasant] ma *the least* żyzną ziemię w całej wiosce.
3. Iwona jest *more* zdolna od John___ ale *less* zdolna than Jerzy.

4. Zapach [smell] róży jest *less* mocny *than* zapach maliny.
5. Wczoraj film był *more* interesujący *than* "Star Wars."

G) Comparative and superlative degree of adverbs.
Complete each sentence with the indicated form of each adverb. Then translate into English.
1. Róża wygląda *staro* (comp. degree) niż Malina.
2. W stratosferze jest coraz *mało* (comp. degree) ozonu.
3. Ben Johnson biegł *szybko* (superlative degree) ze wszystkich biegaczy.
4. Sopel [icicle] zmniejszał się *bardzo* i *bardzo* (comp. degree) aż znikł.
5. U Roberta jest miło, ale u Bronisławy jest *miło* (superlative degree).

H) Multiple negation (i.e., the "double negative") Complete each sentence, then translate into English.
1. Piłki ____ ma *neither* pod łóżkiem, *nor* pod stołem.
2. On *never* ___ je obiadu z nami.
3. Misia *nowhere* ___ chciała pójść z bratem.
4. *Never* _____ wiem co on zrobi.
5. *Neither* Washington *nor* Kongres ____ wiedzieli kto wygra [will win] wojnę [the war].

DICTIONARY

A

a: but, and
aj!: ow!
akademik: dormitory
aktor: actor
albo: either; or
ale: but
aleja: avenue, boulevard
ależ nie: but no
Aneta: Anette
angielski: English (language); also: angielski/a/e (adj.): English
ani . . . ani: neither . . . nor
aparat: apparatus; aparat fotograficzny: photographic camera
apetyczny/a/e: appetizing (adj.)
artykuł: article
artysta: artist
artysta malarz: painter
arystokrata: aristocrat
astrologiczny/a/e (adj.): astrological
astronauta: astronaut
atrakcja: attraction (i.e., something of interest)
auto: car
autobus: bus
aż: until

B

babcia: grandmother
bać się: to be afraid
badać: to examine
bagaż: baggage
bagażnik: trunk (of a car)
bajka: fairy tale
balkon: balcony
balon: balloon
bar: bar (drinking place)
bardzo: very
bardziej niż: more than
barszcz: borscht (beet soup);
barszcz po ukrainsku: Ukrainian style borscht
basen: swimming pool
bawić się: to play; to entertain oneself
bażant: pheasant
bez: without
bęben: drum
biały/a/e: white
biedny/a/e/: poor
biegać: to run
bilet: ticket; bilecik (diminutive): ticket
bilion: trillion
biografia: biography
bliźni: kin; relative
bluzka: blouse
błąd: error; mistake

błękitny/a/e (adj.): blue
bogaty/a/e (adj.): rich
bohaterka: heroine
boleć: to be in pain; to suffer
bolesny/a/e: painful
Bóg: God
Boże Narodzenie: Christmas (lit.: Christ's birth)
brak mi: I lack
brakować: to be missing
brama: gate
brat: brother
broń: weapon (also used in plural sense of: arms, weapons)
broszurka: (a small) brochure
brydż: bridge (the card game)
brzeg: (noun) edge
brzęczeć: to buzz
brzoskwinia: peach
brzydki/a/e (adj.): ugly
budować: to build
budynek: building
but: shoe
butelka: bottle
być: to be
być wiezionym: to be driven (in a vehicle)
być winnym: to be guilty;
być winnym (komuś coś): to owe (something to someone)

C

całować się: to kiss each other; to kiss oneself
cały/a/e (adj.): whole, entire
cebula: onion
cebulka: small onion
cel: aim; goal
cena: price
centrum: center
ceramiczny/a/e (adj.): ceramic
chce mi się: I feel like
chcieć: to want to
chętnie: gladly
chleb: bread
chłodno: coldly; coolly
chłop: peasant; also used to mean: a big strapping fellow
chłopiec: boy
chmura: cloud
chmurzyć: to cloud over
chodnik: sidewalk; runner
chodzić: to walk
chory/a/e: sick
chować się: to hide oneself
chrapać: to snore
chronić: to defend, protect
chudnąć: to lose weight; to slim down
chustka: kerchief; handkerchief
chyba: perhaps, probably
ciasto: cake, dough
ciastko: cookie
ciągle: constantly
cicho: quietly
ciebie: you (2nd pers. sing., gen. & acc.)
ciekawy/a/e: interesting, curious; **być ciekawym:** to be curious
cielak: calf
cielę: calf
cielęcy/a/e: veal; calf-like (adj.)
ciemno: dark (adjective); darkness (adverb)

cień: shadow; shade
ciepło: warmly
ciepły/a/e: warm
cieszyć się: to be delighted; to delight in (something)
cieśnina: strait; narrows
ciężki/a/e: heavy
ciocia: aunt
co roku: every year
co za: what a
cokolwiek: whatever
coraz więcej i więcej: more and more
coś: something
córka: daughter
cukier: sugar
czapka: cap
czar: charm
czarny/a/e: black
czas: time
czasami: now and then; sometimes
czegoś: something
czek: check
czekać: to wait
czerwiec: June
czerwony/a/e: red
czesać: to comb
czesać się: to comb oneself
cześć!: hi!
część: part
często: often; frequently
członek: member
człowiek: man; human being
czołg: (battle) tank
czterdzieści: forty
czternaście: fourteen
cztery: four
czterysta: four hundred
czuć, że: to feel that
czule: cordially
czwartek: Thursday
czy: if, whether
czyj: whose
czytać: to read
czytelnik: reader
ćwiczyć: to practice

D

dać: to give
dać buźki: to give a kiss (colloquial)
dach: roof
daleko: far (adv.)
dawno: long ago (adv.)
dawny/a/e: old, old-time (adj.)
dąb: oak
dedykacja: inscription; autograph
dekolt: low cut neckline (on clothing)
delfin: porpoise
demokracja: democracy
dentysta: dentist
detektyw: detective
deszcz: rain
dla: for
dlaczego: why
dlatego: because
dłoń: palm of the hand
długo: for a long time (adv.)

dno: bottom
do: to
do późna: till late
do smaku: to taste (i.e., according to the taste of someone, as: salted to taste)
do środka: inside, to the middle, to the center
dobiec (perf.), **dobiegać** (imp.): to run up to
dobranoc: good night
dobry/a/e: good (adj.)
dobrze: well (adv.)
dobrze, dobrze: okay, okay
doceniać: to value, to appreciate
dochodzić: (imperf.) to walk up to
dojechać: (perf.) to get to (by land vehicle), to drive up to
dojrzały/a/e: mature (adj.)
dojść (perf.): to walk up to, to investigate
dokąd: where (in the sense of where to)
dokuczać: to pester
dokupywać: to buy (in the sense of buying in addition to what was already purchased)
dolecieć: to fly up to
dom: house; home
dopływać: to swim up to
do późna: till late
dostać: to get
dostęp: access
dosyć: enough; more; colloquial form: **dość**
dowiedzieć się: to find out
dowieźć: to transport up to
dowidzenia: goodbye
dramatyzować: to dramatize
drastyczny/a/e: drastic (adj.)
drobny/a/e: petite (adj.); small
druga nad ranem: two a.m.
druga strona ulicy: the other side of the street
Druga Wojna Światowa: The Second World War
drugi/druga/drugie: second
drzewo: tree
drzewo owocowe: fruit tree
drzwi: door
dużo: much, a lot (adv.)
dwa/dwie: two (when mixed fem/masc. or masc./ neuter genders: dwoje)
dwadzieścia: twenty
dwanaście: twelve
dwieście: two hundred
dworzec: public transport station
dworzec kolejowy: railroad station
dziadek: grandfather
dział: department; section
dziatki: (diminutive of : dzieci) kids
dziecko (sg.)/**dzieci** (pl.): child /children
dziedzina: area of knowledge

dzielić się: to share
dzień: day
dzień dobry: good morning; hello; good day
dziesiąty/a/e: tenth
dziesięć: ten
dziewczyna: girl (teenage)
dziewiąta: nine o'clock
dziewiąty/a/e: ninth
dziewięć: nine
dziewięćdziesiąt: ninety
dziewięćset: nine hundred
dziewiętnaście: nineteen
dziewiętnasty/a/e: nineteenth
dzięcioł: woodpecker
dziękować: to thank
dziki/dzika/dzikie: wild (adj.); unruly
dzisiaj: today
dziś: today (more colloquial than dzisiaj)
dziwny/a/e: strange, weird
dziób: beak
dyrygent: orchestra conductor
dywan: carpet
dyżurny: orderly; duty officer; person on duty/ on watch
dżinsy: blue jeans

E

egipski/egipska/egipskie: Egyptian (adj.)
Elbląg: City of Elbląg, Poland
ekspedientka: saleslady
elegancko: elegantly (adv.)

F

fantastyczno-naukowy/a/e: science-fiction (adj.)
F-Moll: F minor (musical notation)
fajny/a/e: swell (adj.) colloquial
filharmonia: philarmonic orchestra
finanse: finances
firma: company
flaki:/ diminutive, more colloquial: flaczki: tripe
flecista: flutist
flota: fleet
forteca: fortress
fotel: armchair
fotograficzny/a/e: photographic
futro: fur

G

gabinet: cabinet; office
galeria sztuk pięknych: fine art gallery
gałąź: branch
garnitur: suit of clothes; a set of something, e.g.: a set of teeth: garnitur zębow
gatunek: breed, class, sort, quality
gawędziarski/a/e: narrative (adj.)
gazeta: newspaper
gdyby: if
gdzie: where (in sense of: in what place)

gdzieś: somewhere
generał: general (military rank)
gęś: goose
gitarzysta: guitarist
gładki/gładka/gładkie: smooth (adj.)
głodny/a/e: hungry (adj.)
głowa: head
głód: hunger
głośno: loudly
główny/a/e: main
gnać: to tear along (i.e., to move at breakneck speed)
godność: formal for: name (of a person); dignity
godzina: hour
gonić: to chase
gorąco: hot (adv.)
gorący/a/e: hot (adj.)
gospodarstwo: farm; homestead; household
gospodyni: housewife; hostess
gość: guest
gotować: to cook
gotowy/a/e: ready (adj.)
góra: mountain
grać: to play
grat: piece of junk (usually of furniture)
grecki/grecka/greckie: Greek (adj.)
grudzień: December
gruszka: pear
gruźlica: tuberculosis
gryźć: to bite, chew, gnaw; to itch
grzebyk: small comb
gwiazda: star
gwóźdź: nail

H

historia: history
historia literatury: history of literature
hipoteza: hypothesis
hodować: to grow, raise, breed
hokej: hockey
hotel: hotel
hotelowy/a/e: hotel (adj.)
humor: humor
hurtowiec: wholesaler

I

i: and
ich: their
i jedno i drugie: both the one and the other
ile: how much
imieniny: name day
imię: (pl.: **imiona**): name
inaczej: otherwise; differently
indyk: turkey
inny/a/e: different; other
inspirujący/a/e: inspiring
instytucja: institution
inteligentny/a/e: intelligent (adj.)
interesować się: to be interested in
interesujący/a/e: interesting (adj.)
inżynier: engineer

iść: to go
iść piechotą: to go by foot
i tyle go widzieli: and that's the last they saw of him

J

jabłko: apple
jabłoń: apple tree
jacht: yacht
Jacuś: Jackie (diminutive of Jack)
jadłospis: menu
Jadzia: (diminutive of Jadwiga); Heddy
jagoda: berry
jajecznica: scrambled eggs
jak: how
jaki/jaka/jakie: what; what a (pronoun)
jak jest tak jest: it is as it is
jakby: as if
jakiś/jakaś/jakieś: some sort of; some kind of
jakoś: somehow
jama: cave
Jan: John
Janina: Janine
jarzyna: vegetable
jechać: to ride (in some land vehicle)
jęczmień: barley
jeden/jedna/jedno: one
jedenasta: eleven o'clock
jedenaście: eleven
jeden/jedna/jedno z: one of
jedwabny/a/e: silken (adj.)
jedzenie: food
jeleń: stag
jesień: autumn, fall
jeszcze: still
jeść: to eat
jeździec: rider
jeździć nad morze: to go to the seashore
jezioro: lake
jeżyna: blackberry; boysenberry
Józef: Joseph
jutro: tomorrow
już: already

K

kaczka: duck
kalafior: cauliflower
kałuża: puddle
kamień: stone
kanał: canal
kanapa: sofa
kanapka: sandwich
kancelaria: office (usually of a public official)
kapelusz: hat
kapitan: captain
kapusta: cabbage
kapuściana głowa: cabbage head (same meaning as pumpkin head)
kartka: card; sheet (of paper)
kartofel: potato
kasjerka: cashier; teller (female)
kaszlący/a/e: coughing (adj.)
kaszleć: to cough
katalog: catalogue

Katedra Świętego Jana: Saint John's Cathedral
kawa: coffee
kazać: to command; to order
każdy/a/e: each, every
kelner: waiter
kichnąć: to sneeze
kiedy: when
kierowca: chauffeur
kij: stick
kilka: several
kilkanaście: a dozen or so (more than ten but less than twenty)
kilo (short for: kilogram): kilogram
kilometr: kilometer
kino: movie theater
klamka: door knob
klatki: cages
klient: client
klaps: a smack on the behind
klasyczny/a/e: classical (adj.)
kłaniać się: to bow
kłaść się spać: to go to sleep
kobieta: woman
kochać: to love
kochanie: dear, beloved (noun)
kochany/a/e:dear, beloved (adj.)
kogoś: someone
kolacja: supper
kolano: knee
kolega: colleague; buddy
kolej: turn; train
kolejka: queue line
koleżanka: female colleague or buddy
kolor: color
kolorowy/a/e: colorful (adj.)
kołdra: quilt; comforter
koło: around; about; circle
kołnierz: collar
kominek: fireplace
kompozytor: composer
koncert: concert
koncert fortepianowy: piano concerto
koniec: end
konkurs piękności: beauty contest
kontuar: counter
koniczyna: clover
kopać: to kick; to dig
kopać się: to kick oneself
kosić: to mow
kość: bone
kościół: church
kosztować: to cost
kot: cat
kotlet: cutlet
koza: goat (noun)
kozi/a/e: goat (adj.)
kraj: country
krajobraz: landscape
Kraków: Cracow
krew: blood
krewny/a/e: relative
kroić: to cut
krokodyl: crocodile
król: king
królowa: queen
krótki/krótka/krótkie: short (adj.)
krowa: cow
kruk: crow
krwiopijca: bloodsucker

krzak: bush
krzesło: chair
krzyk: cry; shout (noun)
krzyknąć: to cry out; to shout
krzyż: cross
ksiądz; pl.: **księża:** priest
książka: book
księgarnia: bookstore
księżyc: moon
który/a/e: who, which (pronoun)
któryś: someone; one of
ktoś: someone
kubek: cup
kuchnia: kitchen
kult: cult
kultywować: to cultivate
kupić: to buy
kurczak; pl.: **kurczaki:** chicken
kurczę; pl.: **kurczęta:** chicken (usually of a wild bird)
kuzyn: cousin
kwadrans: quarter hour
kwiat: flower
kwiecień: April
kwitnąć: to blossom; to bloom

L

lalka: doll
lato: summer
las: forest
lata: years (sg.: **rok**)
latarnia: lantern
laureat: winner; laureate
lecieć: to fly
lekarz: physician
lekcja: lesson
lekko: lightly
len: flax
lepiej: better
lepszy/a/e: better (adj.)
leśny ptak: forest bird
lew: lion
leżeć: to lie (on some surface)
linia lotnicza: airline
lipiec: July
lis: fox
list: letter
listonosz: mailman
listopad: November
literacki/literacka/literackie: literary (adj.)
lody: ice cream (always in plural)
lotnisko: airport
lubić: to like
Lublin: the city of Lublin
ludzie: people (sg.: **człowiek**)
lustro: mirror
luty: February
ładnie: nicely
ładny/a/e: nice (adj.)
łatwo: easily (adv.)
łazienka: bathroom
łowić: to hunt
łowić ryby: to catch fish
łóżko: bed
łyżka: spoon
łza; (pl.: **łzy**): tear
łąka: meadow

M

maj: May
majestatyczny/a/e: majestic (adj.)
makowiec: poppyseed cake
malarz: painter
malina: raspberry
mało: little (adverb)
małpa: monkey
małżeństwo: marriage; a married couple
mały/a/e: small (adj.)
mama: mother
mapa: map
marchewka: carrot
Marek: Mark
marmur: marble
martwić się: to worry
marzec: March
masło: butter
matka: mother
mądry: wise
mąż: husband; man
mech: moss
mechanik: mechanic
meta: goal line
mężczyzna: man
miasto: city
mieć: to have
mieć nadzieję: to have hope
mieć nadzieję, że: to hope that
mieć pojęcie: to have an idea (about something)
mieć rację: to be right
mieć sentyment do (kogoś): to like someone or something
miejsce: place; location
miesiąc: month
mieszać: to mix; to stir up
mieszkać: to live; dwell
między: between
międzynarodowy/a/e: international
miękki/miękka/miękkie: soft (adj.)
Milanówek: the Warsaw suburb of Milanówek
miliard: billion
milion: million
milionowy/a/e: millionth
miło: pleasantly (adv.)
miłośnik: afficionado; amateur (in the sense of loving something, such as sports, art, music, etc.)
miłość: love
miły/a/e: pleasant (adj.)
mimo to: despite this
mimo wszystko: despite everything
miniony/a/e: past (adj.) as in: past ages: **minione wieki**
minister: minister (government post)
minuta: minute
miotła: broom
mistrz: master
mizeria: cucumber salad (with sour cream and fresh dill)
mnie: me (pronoun; locative & accusative of **ja:** I)
mniej: less
mniej więcej: more or less

młodo: young (adv. - as in: he died young: **zmarł młodo**)
młody/a/e: young (adj.)
mnóstwo: a multiplicity of; a lot of
moc: strength; power; much
mocno: strongly
mocny/a/e: strong (adj.)
model: model
monarcha: monarch
moneta: coin
mosiężny/a/e: brass (adj.)
morze: sea
może: maybe; perhaps
można: one can
mój/a/e: mine (possessive pronoun)
mówić: to talk; to speak
mówić po francusku: to speak French
mucha: fly
mur: wall
musieć: to have to
muszkiet: musket
muzeum: museum
muzyk: musician
muzyka poważna: classical music
muzykologia: musicology
myć: to wash
myć się: to wash oneself
myśleć: to think
myśleć, że: to think that
mysz: mouse

N

na: on; on top of
na długo: for a long time
na dworzu: outside
na piechotę: on foot
na przełaj: across (a field or forest) without using a road or path
na równi: on equal terms; at the same level as
na spacer: for a walk
na strychu: in the attic
na stałe: permanently
na wzór: like (lit.: according to the pattern of)
nachodzić: to importune; to invade
nachodzić się: to walk one's legs off
nachylić się: to bend down
nadejść: to approach
nadepnąć: to step on (something)
nadlecieć: to fly nigh
nagroda: reward
nagrzany/a/e: warmed up
naj-: prefix: most
najechać: to overrun (as to invade, overrun)
najlepiej: the best
najpierw: first of all
najpóźniej: the latest
najwyższy: the highest
nakryć do stołu: set the table
nalecieć: dash (upon); + na: fall foul of
na lewo: to the left
nalot: air raid
na moment: for a moment; for a while
namiot: tent

napchać się: to stuff oneself
napewno: for sure; for certain; without a doubt
napęcznieć: to puff up
napić się: to have a drink
napisać: to write
napój: a drink
napłynąć: to flow onto (something)
naprawa: repair
naprawdę: truly, really
na przykład: for example
nareszcie: finally
narodowość: nationality
narodowy/a/e: national (adj.)
narzędzie: tool; instrument
następnie: next, then (adv.)
następny/a/e: next (adj.)
nasz/a/e: our (pronoun, 1st pers. pl.)
natomiast: on the other hand; instead (adv.)
nawalić: to goof up
nawet: even though (adv.)
nazbierać: to accumulate; to gather in large quantities
nazwa: name; appellation
nazwisko: surname
nazywać się: to be called; to be named; jak się nazywasz?: What is your name?
nerwy: nerves
nic: nothing
nic nie szkodzi: it doesn't matter
nie: no
nie wiadomo: it is not known
nie za dobrze: not too good
niebieski/a/ie: blue
niebo: sky
niebywały/a/e: unusual; extraordinary (adj.)
niedaleko: not far; not too far away
niedziela: Sunday
niedźwiedź: bear (noun)
niego: him
nie ma: there is no
Niemiec: German (i.e., a native of Germany)
niestety: unfortunately
nietoperz: bat (animal)
nietrudno: not hard; easily (adv.)
niewiele: not much; not many
niezły/a/e: not bad (adj.)
nigdy: never
nikt: no one; gen.: **nikogo**
niż: than
no: well; well then (interjection)
noc: night
no dobrze: well all right; well okay; fine
noga: leg
nosić: to carry
nowoczesny/a/e: modern (adj.)
nowy/a/e: new (adj.)
nóż: knife
nudzić: to bore (someone)
numer: number

O

o: about; of
O!: oh!
obchodzić: to walk around + dative; to care for
obejmować się: to embrace each other; to embrace oneself
obejrzeć: to look at; view; survey
obfity/a/e: plentiful; copious
obiad: dinner
oblecieć: to fly around (something); to quickly survey some place by rapidly running around/ all over it
obłok: cloud
obok: next to
obora: barn
obraz: picture
obszerny/a/e: spacious; roomy (adj.)
obwiązać: to tie up
ocean: ocean
ochota: willingness
oczy: eyes
oczywiście: of course
od: from; than. When followed by "**mnie**" *od* becomes "**ode**"
od stóp do głów: from tip to toe
odbiegać: to run away from; run off from
odbudowany/a/e: rebuilt; reconstructed (adj.)
odchodzić: to walk away from
oddać: to give back
oddalać się od: to move away from
odejść: to walk away from; to leave
odjechać: to drive away from; to go from
odjeżdżać: (imperfective): to drive away from; to go from
odlecieć: to fly away from
odłożyć: to put aside; to put off
odpływać: to swim away from; to sail away from (imperfective)
odpoczywać: to rest; to relax
odpowiedź: answer; reply
odpowiedni/a/e: suitable; appropriate, proper
odwiedzić: to visit
odwieźć: to drive (someone) back
odwołać: to recall (i.e. to cancel)
odzyskać: to regain; to recapture
ogar: hound
oglądać: to look over; survey
oglądać się na + acc.: to glance at (someone) repeatedly (imperf.)
ogolić się: to shave
ogórek: cucumber
ogród: garden
ogródek: (diminutive) little garden

ojciec: father
okazja: opportunity; occasion
okno: window
oko: eye; pl.: **oczy:**
okolica: neighborhood; surrounding area
o której godzinie: at what time (at what hour)
okres: period
okręt: ship
okropny/a/e: horrible; awful
okrutny/a/e: cruel (adj.)
Oliwa: the town of Oliwa in northern Poland
ołówek: pencil
on, ona, ono: he, she, it (pronoun)
operacja: (surgical) operation
opiekować się: to take care of
o pierwszej: at one o'clock
opowiedzieć o: to tell about
opowieść: story; tale; narrative
oprócz: besides; aside from
opuszczać: to abandon; to leave
organy: organ (musical instrument)
oryginalny/a/e: original (adj.)
orzech: nut
orkiestra: orchestra
osiem: eight
osiemdziesiąt: eighty
osiemnaście: eighteen
osiemnasta: six p. m. (also) eighteenth (fem.)
osiemset: eight hundred
oś: axle
osioł: donkey
osobiście: personally
ośmiornica: octopus
ostatni/a/e: final; last (adj.)
oświetlony/a/e: illuminated; lit up (adj.)
o szóstej: at six o'clock
ósmy/a/e: eighth
otwierać się: to open (by itself)
otworzyć: to open; to open up
owca: sheep
o wiele gorzej: much worse
owies: oats
owoc: fruit
ozdobny/a/e: decorative (adj.)
oznaczać: to mark; to denote
ozon: ozone

P

pacjent: patient (of a doctor)
padać: to fall (imperf.)
palący/a/e: burning (adj.)
palant: baseball
palić: to smoke (as a cigarette); to burn
pałac: palace
pałeczka: small rod; baton
pamiątka: souvenir
pamięć: memory
pan: Mr.; lord; master
pani: Mrs.; mistress (of the house; her lordship)
państwo: country; nation
papier: paper

paproć: fern
para: pair
parada: parade
parasol: umbrella
park: park
parkowisko: parking lot
parowiec: steamer
parówka: hot dog
parter: ground floor
Paryż: Paris
paszport: passport
patelnia: frying pan
patrzeć: to look
patriota: patriot (masc.)
patyna: patina
Paweł: Paul
pazur: claw
październik: October
pełno: plenty (of); full of (adv.)
pełny/a/e: full (adj.)
perfumy: perfume
pewien: sure; certain; a certain
pęcznieć: to puff up; balloon out
pianista: pianist (masc.)
piątek: Friday
piąty/a/e: fifth
piec: to bake; stove
piechotą: on foot
pieczarka: meadow mushroom
pieczarki z patelni: pan-fried mushrooms
pięćdziesiąt: fifty
pięćset: five hundred
pielęgniarz: male nurse
pieniądze: money
pierwszy/a/e: first
Pierwsza Wojna Światowa: First World War
pies: dog
pietruszka: parsley
pięknie: beautifully (adv.)
piękny/a/e: beautiful (adj.)
piętnaście: fifteen
piętnasty/a/e: fifteenth
piętro: floor
pijawka: leech
piłka: ball
pióro: pen
Piotr: Peter
pisać: to write
pisarz: writer
pismo: letter; handwriting
pistolet: pistol
piszczałkowy/a/e: pipe (as in an organ) — adj.
piszczeć: to squeak
plac: square (in a town)
plaża: beach
plemię: tribe; **ludzkie plemie**: mankind
pleść: to weave; to babble
płacić: to pay
płodny/a/e: fertile (adj.)
płot: fence
płótno: canvas
płynąć: to sail
płyta: plate; phonograph record
pływać: to swim

po angielsku: in English
po chińsku: in Chinese
po drugie: second of all
popewnym czasie: after some time
po polsku: in Polish
po południu: after noon
pobiec: to run off (perf.)
pobiegać: to run about; to run around a little (imperf.)
pobyt: sojourn, stay
pochodzenie: provenance; pedigree; descent
pochodzić: to walk around; to walk about
pochyły/a/e: inclined, bowed
pociąg: train
poczekać: to wait
poczekalnia: waiting room
poczęstować się: to treat each other (usually with drinks); to sample
poczucie: feeling, sense
poeta: poet (masc.)
po: after
po drodze: along the road
pod: under
podać: to hand
podać sobie ręce: to shake hands
podchodzić: to walk up to; to draw near; to approach (imperf.)
podczas: during
podejść: to walk up to (perf.)
podjechać: to drive up to
podlecieć: to fly up to
podłoga: floor
podnieść: to pick up
podnoszący/a/e: uplifting
podobno: supposedly (adv.)
podpis: signature
podpłynąć: to sail up to
podprowadzić: to lead up to
podróż: journey
podwórko: backyard
podziw: admiration, awe
podziękować: to thank
pogotowie: ambulance
pokopać: to dig a bit
pokazać: to show
pokój: room; peace
pokryć: to cover (something)
polanka: clearing
pole: field
poległy/a/e: killed in battle; dead
policjant: policeman
policzek: cheek
polityk: politician
Polska: Poland
Polska Akademia Nauk: Polish Academy of Sciences
Polski Instytut Wydawniczy: Polish Publishing Institute
Polskie Wydawnictwo Naukowe: Polish Scientific Publishing House
połamać: to break (into pieces)

położyć: to lay down
południe: south; noon
pomagać: to help
pomidor: tomato
pomięty/a/e: rumpled (adj.)
pomnik: monument
pomoc: help (noun)
pomóc: to help
pomysł: idea
ponad: above; over
poniedziałek: Monday
ponieważ: because
pończocha: pl.: pończochy: stocking
pończoszka: (diminutive of pończocha): small (dainty) stocking
popłakać się: to have a good cry; to cry (heartily)
po prostu: simply; just plain...
popularny/a/e: popular (adj.)
pora: season; time
poradzić: to advise; to counsel
porcja: portion
porównanie: comparison
port: port
portret: portret
porzeczka: currant
posiedzenie: session; meeting (of a committee or other body)
poskramiany/a/e: subdued; overpowered
pospacerować: to stroll about a little
postać: statue; figure (noun); to stand a while (verb)
pośpieszyć się: to hurry up
postawić: to erect; to stand up
postój: (taksówek): cabstand
potem: later; then
potknąć się: to stumble
potomek: descendant
potrzeba mi: I need
potrzebować: to need
powiedzieć: to say
powiedzieć swoje: to have one's say
powietrze: air
powinien: (he) should; powinna: (she) should; powinno: (it) should
powoli: slowly (adv.)
powój: creeper
powrotny/a/e: return; recurring (adj.)
Powstanie Warszawskie: Warsaw Uprising (of 1944)
powtarzać: to repeat
Poznań: (the city of) Poznan
pożegnać się z: to say goodbye to; to take leave of (someone)
pożyczka: loan
pożyczyć: to lend
pójść: to go
pójść na basen: to go to the swimming pool
pójść na miasto: to go to town
pójść nad rzekę: to go to the river
pójść spać: to go to sleep

pół: half
półka: shelf
póki: while
później: later
późno: late (adv.)
pracownik: worker; laborer
pranie: laundry
prawda: truth
prawdopodobnie: probably
prawdziwy/a/e: real; genuine
prawy/a/e: right (adj.)
prezent: gift; present
prędko: quickly (adv.)
program: program
proporcja: proportion
prosiak: pig
prosić: to ask (adv.)
prosto: straight (adj.)
prosty/a/e: straight (adj.)
proszę: please!
prowadzić: to lead
próg: threshold
przebrać się: change clothes
przechodzić: to cross (as to cross a street)
przeczytać: to read
przecież: but; after all
przedstawiać: to present; to represent
przed: before; in front of
przedtem: before
przedwojenny: pre-war
przejść: to walk across
przelecieć: to fly across
przemysł: industry
przeniesiony: shifted; transferred
przepiękny/a/e: most beautiful (adj.)
przepis: recipe
przepłukać + instrumental: to rinse; to wash out with (something)
przepłynąć: to sail across
przepraszać: to apologize
przeprawa celna: customs
przestudiować: to examine; to study
przeszkadzać: to impede; hamper, disturb
przeszłość: the past
przewodnik: guide
przez: because of, through
przy: next to; along side of; by
przybyć: to arrive
przybysz: arrival (masc.)
przychodzić: to come over (to see someone); to arrive (by foot)
przyciągać: to attract
przygladać się: to observe
przygotować: to prepare
przygotować się: to get ready; to prepare oneself
przygotowanie: preparation
przyjaciel, pl.: **przyjaciele:** friend
przyjąć: to accept
przyjechać: to arrive (by vehicle)
przyjemność: pleasure
przyjemny/a/e: pleasant (adj.)

przyjęcie: reception
przyjść na świat: to be born; to come into the world
przykryć: to cover
przylecieć: to arrive (by air); to fly to; idiomatic: to hurry over
przypłynąć: to arrive (by water); to sail up to
przypominać: to remind
przystępny/a/e: accessible (adj.)
przywołać: to hail (as a taxi)
przyznać: to admit; to concede; to award
pszenica: wheat
publiczny/a/e: public (adj.)
pukać: to knock
pyszny/a/e: tasty; vain

R

raczej niż: rather than
rada: advice; council
radio: radio
radzi widzimy: we are glad to see
rakieta: rocket
ramka: small frame
rana: wound
ranny/a/e: early morning; wounded (adj.)
ranny ptaszek: early bird
rano: in the morning (early)
raport: report
raz: once
razem: together
razem z: together with
recepcja: reception (front desk)
rekin: shark
rektor: president (of a university)
reprodukcja: reproduction
restauracja: restaurant
reszta: rest (of something); remainder
rezerwacja: reservation
ręka: hand
robić: to do
rocznica: anniversary
rodzaj: kind; variety
rodzice: parents
rodzina: family
rok: year
rokoko: rococo
Roman: Roman (a man's name)
Romek: Roman (diminutive of Roman)
romantyczny/a/e: romantic (adj.)
roślinny/a/e: vegetable; plant (adj.)
rosnąć: to grow
rower: bicycle
rozciąć: to cut open; to cut apart
rozedrzeć: to tear apart
rozgrzany/a/e: warmed up; heated up
rozkład jazdy: train schedule; bus schedule

rozlać się: to spill (of own accord)
rozłożyste: widespread (as a tree)
rozmawiać: to converse
rozmowa: conversation
rozpocząć: to begin
rozumieć: to understand
rów: ditch
równy/a/e: equal; even; straight (adj.)
róża: rose
różny/a/e: different; various (adj.)
rtęć: mercury
ruchome schody: escalator
ruszać: to move; to start (imperf.)
ruszyć: to move; to start (perf.)
rzadko: rarely (adv.)
rzecz: thing
rzeczywistość: reality
rzeczywiście: really
rzeka: river
rzemieślnik: craftsman
rzepa: turnip
rzeźbiony: sculptured (adj.)
rzeźnik: butcher
rzodkiewka: radish
rzucać: to throw
rzymski/a/ie: Roman (adj.)
ryba: fish
rycerz: knight
rynek: market square; town square
rynek główny: main town square
ryż: rice

S

sad: orchard
sadzić: to plant
sala balowa: ballroom
sala koncertowa: concert hall
sala marmurowa: the marble room
sala tronowa: throne room
sałatka: salad
sam: alone (masc.)
samochód: car; automobile
samolot: airplane
sanitariuszka: nurse
sarna: deer
sądzić: to judge
sądzić, że: to believe that; to feel that
scena: scene; stage
schabowy/a/e: veal (adj.)
schody: stairs
sejm: parliament
sen; pl. sny: dream
seler: celery
ser: cheese
serce: heart
serdecznie: cordially; heartily (adv.)
sekretarka: secretary
serwus: hi!; bye!
sędzia: judge
siadać: to sit (imperf.)
siano: hay
siedem: seven
siedemdziesiąt: seventy

siedemnasta: five p.m.
siedemnaście: seventeen
siedemset: seven hundred
siedzieć: to sit
sierpień: August
sięgnąć po (coś): to reach for (something)
silniejszy/a/e: stronger (adj. — comparative degree)
silnik: engine
silny/a/e: strong (adj.)
siostra: sister
siódmy/a/e: seventh
Skierniewice: (the town of) Skierniewice
sklep: store
sklepik: little store
skończyć: to finish; to end
skromny/a/e: humble (adj.)
skrzynia biegowa: transmission (in a car)
skrzypce: violin
skrzywdzić: to harm
słabo: weakly (adv.)
sławny/a/e: famous (adj.)
słowo: word
słoń: elephant
słońce: sun
słowiański/a/ie: Slavic (adj.)
słuchać: to listen to
słynny/a/e: famous
słyszeć: to hear
słyszeć o: to hear of; to hear about
smacznego: bon appetit!
smakować: to taste
smocza jama: dragon's cave (almost exclusively refers to the cave of that name beneath the royal hill in Kraków)
smród: stench
sobie: oneself; himself; herself; themselves; myself; yourself
sobota: Saturday
sok: juice
solista: soloist
sopel: icicle
sowa: owl
sól: salt
spacer: stroll
spacerować: to stroll
spać: to sleep
spakować się: to pack up
spędzać: to spend
spodnie: pants
spojrzeć: to look at; to glance at
spokojnie: calmly; peacefully (adv.)
spotkanie: meeting
spotkać się: to meet with (someone or something) (perf.)
spotykać się: to meet (with someone/something) (imperf.)
sprawunek: purchase (result of a shopping trip)

sprowadzić: to import; to lead down
spytać: to ask
spódnica: skirt
spóźnić się: to be late
spytać: to ask
śrut: buckshot
stać: to stand
stały/a/e: constant; stable (adj.)
stamtąd: from there
starczyć: to suffice; to be enough
stare miasto: old town (i.e., the old section of a town, usually preserved for its historical value)
staro: old (adv.)
starszy/a/e: older (adj., comp. degree)
stary/a/e: old (adj.)
start: start; beginning
Staś: Stan (diminutive of Stanley)
Statua Wolności: Statue of Liberty
stawiać: to stand; set up; to wager; to raise (as a monument)
stąd: from here
sto: one hundred
stocznia: shipyard
stoczniowiec: shipyard worker
stolica: capital (of a country)
stóg: haystack
stół: table
stratosfera: stratosphere
strasznie: terribly; extremely; very
strasznie dużo: an awful lot
strona: side
strona tytułowa: title page
stronica: page
strych: attic
strzała: arrow
strzemię: stirrup
student/studentka: student /coed
studiować: to study
stukać: to knock
styczeń: January
styl: style
sufit: ceiling
sukienka: dress
suknia: gown
sunąć: to glide
surówka: a raw vegetable side-dish (any raw vegetable); unrefined material
suszyć: to dry
sweter: sweater
swój/swoja/swoje: my, your, his, hers, etc.
symbolista: Symbolist
syty/a/e: sated; full
szampon: shampoo
szczególnie: especially; particularly
szczekać: to bark
szczęście: luck; fortune
szczur: rat
szczypiorek: scallion

szczypta: pinch (noun)
szeptać: to whisper
szeroki/a/ie: wide (adj.)
szesnaście: sixteen
sześć: six
sześćdziesiąt: sixty
sześćset: six hundred
szkło: glass
szkoła: school
szosa: highway
szósta kwadrans: six fifteen
szósty/a/e: sixth
szpital: hospital
sztuka: art
sztuki piękne: the fine arts
szukać: to search
szyba: window pane
szybko: quickly (adv.)
szynka: ham
ściana: wall
ścieżka: path
ściskać się: to embrace each other; to embrace oneself
ślad: trace
ślinka: (diminutive) saliva
śliwka: prune
ślub: wedding; solemn vow
śmiać się: to laugh
śmieć: garbage (noun); to dare (verb)
śniadanie: breakfast
śnieg: snow
śpieszyć na: to hurry off to (some event)
śpiewać: to sing
środa: Wednesday
środek: middle; center
śródmieście: midtown
świat: world
światło: light
światowy/a/e: world-wide; worldly (adj.)
świetnie: splendidly; wonderfully; great!
świetny/a/e: splendid; wonderful (adj.)
świeży/a/e: fresh (adj.)
święć się imię Twoje: hallowed be Thy name
święta: holidays
święto: holiday

T

tak: yes
tak samo: the same
taki/a/ie: such a
taksówka: taxi
taksówkarz: taxi driver
także: also
tam: there
tamten/tamta/tamto: that (person/thing)
taniec: dance
tatrzański/a/ie: Tatra (adj.)
telefon: telephone
ten/ta/to: this
teren: terrain; region
test: test
też: also
tkwić: to stick; be stuck in
tłumaczyć: to explain; to interpret
to prawda: that is true

to samo: the same
torba: bag
towarzystwo: society; company
traktor: tractor
trawa: grass
trochę: a little (adv.)
troje: three (of a mixed gender — male and female, or male and neuter)
trzeba: it is necessary
trzeci/trzecia/trzecie: third
trzy: three
trzydzieści: thirty
trzymać: to hold
trzynaście: thirteen
trzysta: three hundred
tunel: tunnel
turysta: tourist
tuzin: dozen
twardy/a/e: hard (adj.)
twój/twoja/twoje: your (sg.)
twórczy/a/e: creative (adj.)
ty: you (sg.); thou
tydzień; pl.: **tygodnie:** week
tygrys: tiger
tyle: so much; so many
tylko: only (adv.)
tylny/a/e: rear (adj.)
tym razem: this time
tymczasem: in the meantime; meanwhile
typ: type
tysiąc: thousand
tysięczny/a/e: thousandth
tytuł: title

U

u: at
ubezpieczenie: insurance
ubierać się: to get dressed; to dress oneself
ubliżać: to affront; offend
ubranie: clothes
ubrany/a/e: dressed (adj.)
ucho pl. **uszy:** ear
uchodzić: to escape; to evade
uchodzić za: to pass for
uciekać: to run away; to flee
uczesać się: to comb one's hair
uczestnik: participant
uczuciowy/a/e: emotional (adj.)
u doktora: at the doctor's
u drzwi: at the door
udać się: to be successful
udany/a/e: successful (adj.); successfully completed
uderzyć: to strike
ująć za: to grab a hold of... by (as to grab a hold of the donkey by its ear)
ujechać: to ride a distance
Ukraina: Ukraine
ulecieć: to fly off; to escape through the air
ulewa: downpour
ulica: street

ulubiony/a/e: beloved; favorite
umieć: to know how to
umierać: to die (imperf.)
umówiony/a/e: agreed-upon; arranged (past. part.)
uniwersytet: university
Uniwersytet Jagielloński: the Jagiellonian University (in Kraków)
upaść: to fall
upominek: present; souvenir
uroczy/a/e: charming (adj.)
urodzić się: to be born
urodziny: birthday
urzędnik paszportowy: passport agent
urwać: to tear off
usiąść: to sit down
uspokoić się: to quiet down
utalentowany/a/e: talented
uważać: to be careful
uwierać: to chafe

W

w: in
wagon: wagon
walczyć: to fight; to struggle
walizka: suitcase
Wanda: Wanda
Warszawa: Warsaw
warto: (it is) worth (adv.)
warzywny/a/e: vegetable (adj.)
wasz/a/e: your (pronoun)
Wawel: Wawel Hill (in Kraków)
wąski/a/e: narrow (adj.)
wąsy: whiskers
wawóz: canyon
wąż: snake
wcześnie: early (adv.)
wczoraj: yesterday
wczorajszy/a/e: yesterday's (adj.)
wejść: to enter
wejście: entrance
wesele: wedding
wesoły/a/e: gay; merry; cheerful
wewnątrz: inside
wiadomości: news
wiatr: wind
wić się: to wind (like a river); to writhe; to squirm
widać: it is obvious (that); it is clear (that)
widzieć: to see
widocznie: apparently; obviously; clearly (adv.)
widok: view
więc: so; well
wieczór: evening
wieczór autorski: author's evening
wiedzieć: to know
wiać: to blow (3rd pers. sg.: **wieje**)
wiek: age
wielki/a/ie: great; large
wieloryb: whale
wiersz: poem

Wierzynek: Wierzynek's restaurant (in Kraków)
wierzyć: to believe
wieś: countryside; village
wiewać: to wave
więcej: more
większy/a/e: bigger (adj. comp. degree)
wilgoć: humidity
wilk: wolf
winda: elevator
wiosna: spring
Wisła: Vistula River (major river in Poland)
witać: to greet
witać się: to greet each other
wizyta: visit
wjechać: to drive into
w końcu: finally, in the end
wkrótce: shortly (adv.)
wlecieć: to fly in (coll. to dash in)
w lewo:to the left
władać: to manage; handle—językiem: to speak a language; to have control over: władać ręką: to be able to use the hand
władca: ruler
władza: power; authority
własny/a/e: own; self-same (adj.)
włosy: hair (sg. : **włos)**
włożyć: to put on (as a cap or hat); to put in (as a pencil in a sharpener)
w międzyczasie: meanwhile; in the meantime
wnieść: to carry in
wnuczka: granddaughter
woda: water
Wodnik: Aquarius
wojna (pl.: wojny): war
wokół: around; about; in the surrounding areas
woleć: to prefer
wolno: free (adj.)
wolność: freedom
wolny/a/e: free (adj.)
wołać: to call; to hail
wonny/a/e: fragrant (adj.)
wpaść: to fall in
w pół do: half-past (a given hour)
w porządku:in order; okay
w prawo: to the right
wracać: to return (imperf.)
wrócić: to return (perf.)
wrzesień: September
wsiadać: to get in (to a vehicle) (imperf.)
wsiąść: to get in (to a vehicle) (perf.)
wskazówka: indicator; guideline; hand on a watch or clock
w sobie: in oneself
wspaniały/a/e: splendid; magnificent
wspólny/a/e: common (adj.)
wstać: to get up
wstęga: ribbon
wstępować do: to enter into

w swoim casie: in his/her/its time
wszy: lice
wszyscy: everybody; all (fem. & neut. : wszystkie)
wszystko: everything
wśród: among
w takim razie: in this case
wtedy: then
wtorek: Tuesday
wujek: uncle
wybaczyć: to forgive
wyborny/a/e: exquisite (adj.)
wybredny/a/e: picky; particular
wybrzeże: coast
wychodzić: to walk out (imperf.)
wycierać: to wipe
wycieczka: trip
wyczuwać: to feel out; to sense
wydawać się: to seem; to appear
wyglądać: to peer out; to seem
wygodny/a/e: comfortable (adj.)
wygrać: to win
wyjechać: to drive out; to drive away (to some destination)
wykopać: to dig out
wylać: to pour out
wylecieć: to fly out; to get fired
wyłożyć: to display; to interpret (perf.)
wymagać: to require; to demand
wymienić: to exchange
wynająć: to hire
wyobraźnia: imagination
wyobrażać sobie: to imagine
wypad: foray; sally
wypadek: accident
wypłata: payment
wypłynąć: to swim to the surface; to surface; to sail/swim out into the open
wypoczynek: rest; respite
wyrobić: to produce; develop; knead (dough) (perf.)
wyruszać: to start out (imperf.)
wyruszyć: to start out (perf.)
wypożyczony/a/e: rented out; hired out (adj.)
wyprasować: to iron
wysiadać: to break down; to get out of a vehicle; to deplane
wysłuchać: to listen (someone) out
wysoki/a/ie: tall (adj.)
wystarczać: to be sufficient; to be enough (imperf.)
wystarczyć: perf.
wystawa: exhibit; display
wystawić: to exhibit; display
wytrzeć: to wipe

wytyczony/a/e: marked out; aligned; demarcated (adj.)
wyższy/a/e: higher (adj., comparative degree)
wyżyna: highlands
wziąć: to take
wziąć ze sobą: to take along

Z

z/ze: out of; with (+ instrumental)
zabawa: game; party
zabójca: murderer
zabrać: to take
zabrać: (komuś coś) : to take something from someone
zachęcić: to encourage
Zachęta: The Zachęta Gallery of Art in Warsaw, Poland)
zachodzić: to walk over to; to go by (someone's house) imperf.
zacząć: to begin (perf.); to initiate
zaczynać: to begin (imperf.); to initiate
zaczynać się: commence; to begin; to start up
zadanie: assignment; homework
zadzwonić: to telephone
żaglówka: sailboat
zakładać: to establish; to assume; to bet
zakupy: shopping; purchases
zalecieć: to reach; to run over; to fly (as far as)
założony/a/e: put on; established; founded
zamek: castle
zamek królewski: the royal castle
zamęczać: to pester; to torment
zamiar: aim; goal; objective
zamknąć: to close
zamówić: to order
zamożny/a/e: wealthy (adj.)
zanieść: to carry (to some destination) (perf.)
zanim: before (conjunction)
zanocować: to spend the night
zaowocować: to bear fruit (imperf.)
zapach: scent; smell
zapachnieć: to emit a fragrance/smell
zapisać: to write down; to note down
zapłacić: to pay
zapomnieć: to forget
zaprosić na obiad: to invite for dinner
zapukać: to knock
zaraz: at once; right away
zasłonić się: to shield oneself; to cover oneself

zasnąć: to fall asleep
zaśpiewać: to sing (perf.)
zatrąbić: to honk; to trumpet
zatruty/a/e: poisoned (adj.)
zatrzymać: to stop
zatrzymać się: to stop; halt (oneself)
zauważyć: to notice
zawierać: to contain
zawód: profession; disappointment
zawozić: to deliver (by vehicle) (imperf.)
zawracać: to turn back (imperf.)
zawrócić: to turn back (perf.)
zawstydzać: to embarrass (imperf.)
zawstydzić: to embarrass (perf.)
zawsze: always
ząb: pl.: zęby : tooth
zburzony/a/e: demolished; knocked down (adj.)
zdać: to pass (as an exam)
zdaje się, że: it seems that
z daleka: from afar
zdawać: to pass (an exam (imperf.)
zdecydować: to decide
zdecydować się: to make up one's mind
zdolny/a/e: talented, capable (adj.)
zdróweczko: health (diminutive of **zdrowie**)
zebranie: meeting; gathering
zegarek: watch
zemrzeć: to die (past tense: zmarłem, etc.)
zepsuć: to spoil
zerwać: to break off; to tear off
zespół: team
zeszły/a/e: past, former (adj.)
zgasić: to extinguish
zginąć: to disappear; to die
zgnieść: to crush
zgoda: agreement; concord
zgrabny/a/e: graceful (adj.)
zgroza: horror! awful!
zgubić: to lose
zgubić się: to get lost
zielony/a/e: green (adj.)
zielona cebulka: chives
ziemia: earth; soil
zima: winter
zimno: cold, coolly; coldly (adv.)
zimny/a/e: cold (adj.)
zjeść: to eat (perf.)
zjeżdżać: to slide down (imperf.)
złamać się: to break
złapać: to catch
złocony/a/e: gilded (adj.)
złość: anger; malice, irritation
złoto: gold
złoty/a/e: golden (adj.)
złożyć się do strzału: to take

aim
zły/a/e: angry; evil (adj.)
zmęczony/a/e: tired (adj.)
zmienić: to change
zmoczony/a/e: soaked, wet (adj.)
znać: to know (be acquainted with)
znajomość: acquaintance; knowledge (of something concrete)
znajomy: acquaintance
znak: sign; mark
znaleźć: to find
znany/a/e: known (adj.)
zniknąć: to disappear
znów: again
zobaczyć: to see
Zofia: Sophie
zostać: to remain; to become
zostawić: to leave behind
zpowrotem: back (to starting point)
z przed: from in front of
z przyjemnością: with pleasure
zreperować: to repair (perf.)
zrobić: to do (perf.)
zrozumieć: to understand (perf.)
zrywać: to tear off; to rip off; to break (as a contract)
zupa: soup
zupełnie: completely (adv.)
Zuzia: Suzanne (diminutive of Zuzanna)
z własnej kieszeni: from one's own pocket
z wrażenia: from the excitement; due to the excitement
związać: to bind; to tie up
zwierzę: pl.: **zwierzęta:** animal
zwierzęcy/a/e: animal-like; beastly; brutish
zwinąć żagle: to furl the sails; to give up
zwrot kosztów: refund
zwyczaj: manner; custom
zwykle: usually (adv.)
źle: badly (adv.)
źrebak: colt
żegnać: to say goodbye
żmija: viper; serpent; poisonous snake
żołnierz: soldier
żółw: turtle
żona: wife
żubr: bison
życie: life
życzyć: to wish
żyć: to live
żyjący/a/e: living (pres. perf.)
żyto: oats
żyzny/a/e: fertile (adj.)

KEY TO THE EXERCISES

Chapter 1

1. Rodzina, rodziny, rodzinie, rodzinę, rodziną, rodzinie, rodzino!

2. a) T; b) F; c) F; d) F

3) a) ma; b) są; c) mam; d) jesteście; e) są

4. —

Chapter 2

1. —

2. a) Tak, Jill Waters ma męża.
   b) Mąż Jill Waters nazywa się Jack.
   C) Nie, Jill Waters mieszka w New Yorku.
   d) Nie, dziadek dziewczynki nazywa się Sznurowski.
   e) Państwo Waters będą w Polsce sześć tygodni,

3. a) Czy Ewa lubi ciastka? Does Ewa like cookies?
   b) Czy kot słucha muzyki? Does the cat listen to music?
   c) Czy pan Jan rozmawia z Barbarą? Is John talking with Barbara?
   d) Czy on się nazywa Ptakowski? Is his name Ptakowski?

4. a) czyta
   b) nazywa się
   c) rozmawiasz
   d) mieszkają

5. gram; grasz; gra; gramy; gracie; grają
   stukam; stukasz; stuka; stukamy; stukacie; stukają

6. a) ona
   b) on
   c) My
   d) one
   e) wy

7. a) matki
   b) Basi
   c) Ojca
   d) profesora
   e) kota
   f) ciasta (or) tortu

Chapter 3

1. —

2. a) "Bażant" po angielsku nazywa się "pheasant."
   b) Ulica gdzie jest restauracja "Pod Bażantem" nazywa się Nowy Świat.
   c) Tak, znam przepis na barszcz po ukraińsku. (or, if you don't know the recipe:)
   Nie, nie znam przepisu na barszcz po ukraińsku.)
   c) Jack Waters wybrał pomidory z zieloną cebulką.

3. lubię, lubisz, lubi, lubimy, lubicie, lubią.
   suszę, suszysz, suszy, suszymy, suszycie, suszą.
   chcę, chcesz, chce, chcemy, chcecie, chcą.

4. a) suszą się. The carpets are drying outside.
   b) myje się. The cat is washing itself on the chair.
   c) czyta się. This book reads easy.
   d) nudzimy się. We get bored in school.

5. a) Ten kelner jest wysoki.
   b) Tamten kelner jest stary.
   c) Ta piłka jest duża, ale tamta piłka jest mała.
   d) Ten pan lubi chodzić.
   e) Ta pani jest miła.

6. a) kelnerowi. Give this letter to that waiter.
   b) dziadkowi. Bring this newspaper to that old man.
   c) żonie. He complimented his wife.
   d) kotu. She gave the milk to the cat.

7. —

Chapter 4

1. —

2. a) Tak, Jill Waters ma ciepły sweter.
   b) Nie, w parku jest cicho.
   c) Ścieżka w parku skręca w lewo.
   d) Państwo Waters jadą jutro do cioci Wandy do Skierniewic.
   e) Nie, mąż cioci Wandy nie żyje.
   f) Państwo Waters muszą wyjść rano z hotelu o siódmej.

3. a) mój
   b) ich
   c) jej
   d) twojemu
   e) naszych

4. a) Ona pisze list.
   b) My budujemy garaż.
   c) Ona jadą do Krakowa.
   d) Dlaczego kopiesz?
   e) Mama gotuje obiad.

5. miło; krzywo; twardo; długo; prosto.

6. a) To nasz pierwszy spacer.
   b) On pisze piąty list.
   c) Oni jadą do Warzawy dwudziesty trzeci raz.
   d) On powtarza pytanie piętnasty raz.

7. —-

Chapter 5

1. —

2. a) Państwo Waters czekają na pociąg do Skierniewic.
   b) Jill umie czytać rozkłady jazdy.
   c) Jack Waters chce jeść.
   d) Pociąg odjeżdża za piętnaście minut.
   e) Ciocia Jacka Watersa ma trzy córki.
   f) Zanim zmienił nazwisko Jack Waters nazywał się Jacek Wodnicki.
   g) Mąż cioci Zofii nazywał się Jurek.

3. a) jedzą; b) odważysz się; c) wiemy jak; d) wie; e) rozumiem

4. a) Jaki jest twój kot?
   b) Jaki szybki pociąg!
   c) Jaka jest jej ciocia?
   d) Jakie miłe dzieci!
   e) Jaka jest twoja żona?
   f) Jaka to jest małpa?

5. a) Jill nie rozumie cioci.
   b) Oni nie mają samochodu.
   c) Mama nie gotuje obiadu.
   d) Marysia nie dała ołówka bratu.
   e) My nie znamy Piotra.
   f) Wy nie macie ciepłych swetrów.

6. —

7. a) Zofia idzie do parku we wtorek.
   b) Czy dzisiaj jest niedziela?
   c) Ja zawsze jem pierogi w sobotę.
   d) W poniedziałek ona słucha muzyki.

8. a) samochodem; b) lasem; c) pazurami; d) mlekiem; e) łodygą.

9. a) Tomorrow they are going to Poznań by car.
   b) The boy is going through the woods by himself.
   c) The lion tore the monkey apart with its claws.
   d) Jadzia likes coffee with milk.
   e) He handed her a rose with a long stem.

Review and Self-Assessment Test for Chapters 1-5

Section I. —

Section II. —

A.

1. Jabłko leży na stole.
2. Czy mieszkasz w Krakowie?
3. Pytamy się ciebie czwarty raz.
4. Oni piszą list do mojej cioci.
5. Wy nic nie rozumiecie.

B.

1. Państwo Waters
2. lalki
3. muzyki
4. kota
5. nożem

C.

1. moja
2. wami
3. Jaki
4. W piątek
5. piąty
6. wasze
7. Ona
8. jedenasta
9. Jaki jest Robert?
10. We wtorek

Chapter 6

1. —

2. a) Miasto gdzie państwo Waters robią zakupy nazywa się Skierniewice.
b) Ciocia Zofia i państwo Waters najpierw zjedli śniadanie.
c) Państwo Waters byli w restauracji pół godziny.
d) U rzeźnika ciocia Zofia kupiła pół kilo parówek i kilo flaków.
f) Nie, Roman nie ma prosiaków.
g) Zimą Roman trzyma zwierzęta w oborze.
h) Tak, po obejrzeniu gospodarstwa państwo Waters i Roman odpoczęli.

3. a) wypił; b) robi; c) chodzą; d) zje; e) puka

4. a) rękę; b) bratem; c) dziecku; d) dni; e) lat; f) człowieka

5. a) Czterdzieści jeden plus pięćdziesiąt dwa jest dziewięćdziesiąt trzy.
b) sześćdziesiąt trzy minus dwadzieścia jest czterdzieści trzy.
c) sto dwanaście plus osiemdziesiąt dziewięć jest dwieście jeden.
d) pięćdziesiąt pięć minus trzydzieści dziewięć jest szesnaście.
e) sto pięćdziesiąt pięć plus osiem jest sto sześćdziesiąt trzy.

Chapter 7

1. —

2. a) Państwo Waters wrócili do domu cioci po obejrzeniu gospodarstwa.
b) U progu domu Jill potknęła się, upadła, i mocno rozcięła kolano.
c) Pogotowie zaraz przyjechało.
d) Zwykle jest więcej pacjentów po siedemnastej.

e) Tak, wszyscy pojechali taksówką do szpitala.
f) Państwo Waters wrócili do Warszawy koleją.
g) Tak, państwo Waters mają zamiar wrócić do Polski.
h) Tak, Jill i ciocia Zofia płakały przy pożegnaniu.

3. a) pojechał Yesterday Jurek went to the University.
b) wiedzieli They did not know that school ends in May.
c) zrobiła The nurse dressed the wound.
c) wiedziały They knew that it was a Polish dance.
d) zapomniało The child forgot to comb itself.
e) wrócili Mr. & Mrs. Waters returned to Warsaw yesterday.
f) wróciły The girls returned late to the dormitory.

4. a) szkole We live right by the school.
b) domu He spent the whole day at home.
c) książce The teacher talked about the book with me.
d) stogu The bird sat on a haystack.
e) mieszkaniu The fly flew all over the house.
f) Krakowie Where do you live, in Kraków?

5. pierwszej nad ranem
b) jedenasta?
b) w pół do ósmej
d) jedenastej za kwadrans
e) o czwartej za kwadrans

6. a) To jest jej sweter.
b) Ich samochód jest niebieski.
c) To nie jego piłka.
d) Kiedy zobaczysz jej ojca?
e) Jego list był długi.

7. a) Czytajcie Read this book
b) Niech zrobi Please do this today, ma'am.
c) Powiedz Tell the truth!
d) Zastanówcie się Consider (well) what you say! (i.e., Think before you speak!)
e) Niech jadą Let them go to Kraków.

8. —

Chapter 8

1. —

2. a) Państwo Waters wrócili do Warszawy rano.
   b) Państwo Waters postanowili kupić upominki dla przyjaciół w Nowym Jorku.
   c) Jill chce iść na zakupy o pierwszej.
   d) Jack poszedł do recepcji hotelowej żeby spytać się o kapelusze.
   e) Jack kupił gazetę w hotelowym kiosku.
   f) Temat ostatniego materiału, który Jill napisała, to przemysł ceramiczny w Nowym Jorku.
   g) Nowy materiał, który Jill będzie przygotowywać, jest na temat rynku na ozdobne, mosiężne zamki i klamki.
   h) Restauracja do której pan Jastrzębski zaprasza państwa Waters nazywa się Wierzynek.

3. a) czytaliście
   b) rozumiały
   c) plotła
   d) szeptało była
   e) mógł
   f) spałaś
   g) widzieli

4. a) Drogi Profesorze,
   b) Drogi Janie,
   c) Droga ciociu Mario,
   d) Bryś! Chodź tu!
   e) Przyjaciele! Słuchajcie mnie!
   f) O Boże!

5. a) Nasi ojcowie są mili. Our fathers are nice.
   b) chodzimy do doktorów. We rarely go to doctors.
   c) byli generałowie There were generals at the parade.
   d) mamy tych studentów We have no news from those (or:

these) students.
e) dobrzy ludzie These are very good people
f) Jakie piękne kobiety!
g) mamy duże okna We have big windows at home.

6. a) mojego dużego kota
b) przystojni mężczyźni
c) czwartej
d) dwudziesty trzeci dzień
e) trzynastą rocznicę
f) polskiego lnu
g) starej pani

7. —

Chapter 9

1. —

2. a) Ojciec Jacka Waters skónczył studia na uniwersytecie Jagiellońskim.
b) Collegium Maius to bardzo stary budynek (na uniwersytecie Jagiellońskim), gdzie studiowali — pięćset lat temu — Dr. Faust i Mistrz Twardowski.
c) "President of the university" nazywa się "rektor" po polsku.
d) Restauracja Wierzynek mieści się przy rynku w Krakowie.
e) Po wizycie u Rektora państwo Waters poszli do Collegium Maius.
f) W dawnej Polsce król był "primus inter pares".

3. a) Janek dopiero jutro skończy zadanie.
b) Marylka pójdzie spać za dwie godziny.
c) Kiedy on zrobi ten test?
d) One przeczytają ten przepis na makowiec przed świętami.

4. a) czarne pończochy
b) "kapuściane głowy"
c) stare klamki
d) dobrych kobietach

5. —

Chapter 10

1. —

2. a) Państwo Waters postanowili pojechać samochodem do Gdańska.
   b) Jack i Jill jadą samochodem z wypożyczalni.
   c) Zanim wyjechali Jill wpadło coś w lewe oko.
   d) W Gdańsku państwo Waters oglądali stocznię i pomnik dla poległych stoczniowców.
   e) Jack i Jill pojechali obejrzeć sławne organy w Oliwie.
   f) Prezydent Polski pracował kiedyś w stoczni gdańskiej.
   g) Organy w Oliwie mają ponad trzysta pięćdziesiąt lat.

3. —
   (examples of how the future compound tense can be formed from the verbs indicated in the exercise, using the second person singular, masculin: będziesz lubił; będziesz szedł; będziesz spieszył się; będziesz robił; będziesz szeptał; będziesz czytał; będziesz rozumiał; będziesz jadł)

4. —

5. a) Nasze duże pole jest zasiane trawą.
   b) Tych czerwonych jabłek nie jedz.
   c) Oni pracowali całymi latami.
   d) Stary marynarz opowiadał o dalekich morzach.

6. a) sąsiedzi Our neighbors sometimes come over for dinner.
   b) te panie These ladies don't change their minds.
   c) te drogi These roads lead to Rome.
   d) ci panowie These men told me a lot about John.
   e) Ich imiona były napisane na papierze.
   f) Koty chodziły po szkle.

7. —

8. —

Review and Self-Assessment Test for Chapters 6-10

Section I --

Section II

A. 1) robisz
   2) zrobimy
   3) daje
   4) oddacie

B. 1) Wrzesień trzydzieści
   2) maju czterdziesta czwarta
   3) luty dwadzieścia dziewięć

C. 1) jechał całą noc
   2) myślał
   3) mieliśmy
   4) nie zrozumiały profesora
   5) śpiewałeś

D. 1) w domu
   2) o historii
   3) w nocy
   4) o Robercie

E. 1) Jej mąż jest chory.
   2) Oni siedzą w jego samochodzie (or: aucie).
   3) Ten długopis jest ich.

F. 1) stare
   2) dobrzy
   3) pięknych
   4) piąta

G. 1) zrób
2) będzie robił
3) przeczytamy
4) będzie jechać, or będzie jechała; or: jedzie
5) będzie spał

Chapter 11

I. —

II. 1) Jack i Jill mieli awarię wozu w drodze powrotnej z Gdańska.
2) Złamała im się tylna oś.
3) Nie, w Polsce nie zawsze można od razu dostać części samochodowe.
4) Naprawa samochodu będzie kosztowała państwa Waters sześćset dolarów.
5) Tak, firma wypożyczająca zwróci koszty naprawy.
6) Państwo Waters muszą nocować w motelu.

III. 1)

turysta	flecista	zabójca
turysty	flecisty	zabójcy
turyście	fleciście	zabójcy
turystę	flecistę	zabójcę
turystą	flecistą	zabójcą
turyście	fleciście	zabójcy
turysto!	flecisto!	zabójco!
turyści	fleciści	zabójcy
turystów	flecistów	zabójców
turystom	flecistom	zabójcom
turystów	flecistów	zabójców
turystami	flecistami	zabójcami
turystach	flecistach	zabójcach
turyści!	fleciści!	zabójcy!

IV. 1) Wolę blondynki niż brunetki.
2) Ona woli białe buty od czarnych butów.
3) My wolimy dobrych studentów bardziej niż złych studentów.
4) Oni wolą jeść chleb raczej niż ryż.

V.	1) twardsza	
	2) mądrzejsza	Robert
	3) starszy	psa
	4) ładniejszy	
	5) mądrzejsi	studentów

VI. —

Chapter 12

I. —

II. 1)Mechanik naprawił samochód państwa Waters.
2) Hotel w którym zatrzymali się państwo Waters nazywa się Marriott.
3) Jack i Jill postanowili odwiedzić Zachętę w Warszawie.
4) Jacek Malczewski reprezentuje symbolizm.
5) Tak, obrazy Malczewskiego bardzo podobały się Jill.
6) Jill chciała kupić katalog wystawy w Zachęcie.
7) Kiosk jest na parterze.
8) "Zachęta" po angielsku znaczy "encouragement".

III. —

IV. 1)John is going to the park.
2) Elizabeth walked up to the tree.
3) Zosia will walk away from the window when it grows dark.
4) The dog swam up to the shore.
5) The dog swam away from shore.
6) All the students took the train.
7) They arrived in Kraków in the evening.

V. 1) najładniejsza This is the prettiest girl in Kraków.
2) najtańsze Zosia purchased the cheapest chair in the whole store.
3) starsze najstarsze These Greek coins are older than those Roman ones, but those Egyptian ones are the oldest of all.
4) najwyższy Tom was always the tallest boy in class.
5) Najlepsze The best apples come from Ukraine.

VI. 1)Potrzebuję cztery dolary.
2) Jerzy ma sto złotych, jemu jeszcze brakuje tysiąc złotych do kupna tej gazety.
3) Zosia chce tamtego Mercedesa.
4) Potrzebowali więcej wody.

VII. 1) Dziecka jeszcze nie ma w domu.
The child is not at home yet.
2) To jest pałac tych panów.
This is the palace of these gentlemen.
3) To kość naszych psów.
This is the bone of our dogs.
4) Czy nie ma gdzieś ładniejszych kwiatów?
Are there no prettier flowers somewhere?

Chapter 13

I —

II. 1) Dyrygentem orkiestry jest Jerzy Maksymiuk.
2) Solista jest Amerykaninem.
3) Wchodząc do sali koncertowej Jill zapomniała kupić program.
5) "Baton" nazywa się po polsku "pałeczka".

III. 1) Ptaki odleciały na południe.
The birds flew off to the south.
2) Pies obleciał cały dom.
The dog ran around the whole house.

3) Statek przypłynie jutro z Nowego Jorku.
The ship will arrive tomorrow from New York.
4) Tomek dobiega do drzwi domu.
Tomek is running up to the door of the house.
5) Wczoraj Ewa poszła do kina. Yesterday Ewa went to the movies.

IV. 1) Tu mówi się po chińsku.
One speaks Chinese here.
Chinese is spoken here.
2) W Anglii je się "meat pies".
They eat meat pies in England.
Meat pies are eaten in England.
3) Nie pali się papierosów w miejscach publicznych.
We don't smoke cigarettes in public places.
Cigarettes are not smoked in public places. /or/
One does not smoke cigarettes in public places.
4) Do Polski lata się polskimi liniami lotniczymi LOT.
People fly to Poland on the Polish airline LOT.
One flies to Poland on LOT Polish airline.
5) W teatrze mówi się o teatrze.
In the theater the talk is about theater.
In the theater one speaks about theater.

V.	1) sobie	She likes to talk about herself.
	2) siebie	He sees himself in the mirror.
	3) sobą	They haven't been themselves for quite some time.
	4) sobie	Speaking ill of others one can only harm oneself.
	5) sobie	They only think of themselves.
	6) siebie	When we look in the mirror we see ourselves.

VI. 1) przyjacielowi Jerzy told his friend about his trip.
2) bankowi Mary repaid the loans to the bank.
3) Dzieciom One doesn't give hard candy to children.
4) wszystkim ludziom This man is annoying (or: obstructing) all the people.
5) swojej koleżance Ewa envies her (female) friend.

VII. 1) Sądzę, że parki są ważne dla miast.
2) Czujemy, że ceny pójdą w górę.
3) Wydaje im się, że są mocni. (or: silni)
4) Ona myśli, że jest piękna.
5) Wierzę, że on wie.
6) Sąd wierzy, że prawo jest dobre.

Chapter 14

I —

II. 1) Państwo Waters idą na imieniny Kasi Czarneckiej.
2) W Polsce bardziej ważne są imieniny, niż urodziny.
3) Kasia Czarnecka mieszka niedaleko Placu Trzech Krzyży.
4) Mieszkanie Kasi Czarneckiej jest obszerne. Ona ma cztery pokoje z kuchnią i balkonem.
5) W Polsce jak przyjaciele się spotykają, to całują się i ściskają.
6) Jack i Jill wrócili do swojego hotelu o drugiej nad ranem.

III. 1) Jack myje się rano.
2) Ona przygląda się kotu.
3) Tu mówi się po polsku.
4) Oni śmieją się z żartu.
5) My się bardzo kochamy.

IV. 1) doleciał The bird flew up to the tree and alighted on a branch.
2) zaleciał The plane flew to Paris all the way from Australia.
3) dobiegł The runner ran up to the finish line.
4) zapłynie The ship will sail to Le Havre after a long voyage.
5) dopłynął He barely swam to shore.

V. 1) sąsiedzi Your neighbors are very nice.
2) Generałowie The generals gathered in my tent.
3) klienci Our clients always pay on time.
4) Synowie The sons of this mother are very good to her.
5) Asystenci The professor's assistants like him very much.

VI. —

VII. —

Chapter 15

I. —

II. 1) Z ulicy Nowy Świat taksówka skręciła na prawo.
2) Jack zapłacił taksówkarzowi trzy dolary.
3) Jill kupiła książki z historii literatury polskiej, z historii polskiej sztuki nowoczesnej i z muzykologii.
4) Jack nie mógł się na nic zdecydować i nie kupił żadnych książek.
5) Po wyjściu z księgarni Państwo Waters pospacerowali trochę.

III.1) nadepnięty The tiger was stepped on by the elephant.
2) czesana Zosia's hair is combed by her mother every evening.
3) zamknięty This bank will be closed by the authorities.
4) zawstydzeni We were embarrassed by her uncle.
5) podwiezieni Jack and Jill were driving up to the bookstore.

IV.1) najechali The Germans attacked Poland with tanks in September 1939.
2) uleciał The bird flew off to a tree branch in his flight from the cat.

3) uchodzi	This actor is taken to be the best Shakespearean actor.
4) ujechaliśmy	We walked a mile before the policeman stopped us.
5) nachodzi	This man continually importunes this lady and bothers her.

V. 1) ludzi	The dog walked up to the old people.
2) ulice	He saw two long streets from the plane.
3) długopisy	The teacher laid two pens on the desk.
4) pilotów	The commander spoke to his pilots.
5) Mercedesy	This store sells Mercedes.

VI. 1) które	The horses which ate the hay are full.
2) którym	Janek, of whom you are speaking, is my cousin.
3) którymi	The cars Mr. and Mrs. Smith drive, are very old.
4) której który	The book which is being spoken of lies on the table which stands in the kitchen.
5) których	The children you are looking for are not here.

VII.1) trzem	Order these three men to sit down.
2) pięciu	There are five brothers in this house.
3) dwiema	When he is hungry he eats with two spoons.
4) trzej	Three kings came to the president.
5) pięcioma	We take five buses to work.

Chapter 16

I. —

II. 1) Autor na którego wieczorze byli Jack i Jill nazywał się Stanisław Lem.
2) Dwie książki Lema to „Solaris" i „Obłok Magellana".
3) Jack stawia na równi Lema z Asimovem.

4) Najlepszy polski autor powieści fantastyczno-naukowych nazywa się Stanisław Lem.
5) Jill dostała od autora podpis na stronie tytułowej „Cyberiady".

III.1) patrz — Look, Jack, there goes (flies) the Concorde!
2) Uważajcie — Be careful, or you will get lost in the forest.
3) Pijmy, jedzmy — Let us drink and eat while we have time!
4) sprawdź — Ewa, see what this man wants.
5) idź — Go to sleep or you'll get a spanking.

IV.1) Samochód podjechał pod sam dom.
The car drove right up to the house.

2) Okręt przypływa jutro z Le Havru.
The ship is sailing in tomorrow from Le Havre.

3) O której odlatuje twój samolot?
At what time is your airplane leaving?

4) On przychodzi do niej co wieczór o dziewiętnastej.
He comes to visit her every evening at 7 p.m.

5) Łódka podpłynęła pod mur fortecy.
The (row)boat came up to the wall of the fortress.

V. 1) Gdzie jest twoja koszula? Nie wiem, gdzieś ją położyłem.
Where is your shirt? I don't know, I put it somewhere.

2) Czy ktoś z państwa może zaśpiewać "The Star Spangled Banner?"
Can one of you (ladies or gentlemen) sing "The Star Spangled Banner?"

3) To jakiś dziwny człowiek, ten Houdini.
He's some kind of a strange man, this Houdini.

4) Tamte panie coś mówią, ale nie wiem co.
Those ladies are saying something, but I don't know what.

5) Oni już wzięli kogoś do brydza.
They already took someone for (a game of) bridge.

VI.1) Państwo Waters pojechali do Gdańska samochodem.
The Waterses went to Gdańsk by car.

2) Paweł jutro poleci do Mińska samolotem.
Paweł is going to Minsk tomorrow by plane.

3) Anna i Ewa płyną parowcem do Paragwaju.
Anna and Ewa are sailing by steamer to Paraguay.

4) Proszę pana, jak długo jedzie się pociągiem z Warszawy do Zakopanego?
5) Astronauci jutro polecą rakietą na księżyc.
The astronauts are taking off for the moon by rocket tomorrow.

VII.1) Gospodarz bawił się świetnie ze swoimi gośćmi i braćmi.
The host had a great time with his guests and brothers.

2) Nocą Małgorzata słyszała jak koty goniły myszy, które chowały się między książkami.
At night Małgorzata heard the cats chase the mice, which hid among the books.
3) Ptaki wleciały oknem.
The birds flew in through the window.

4) Proszę poczęstuj się jabłkami, winami i serami, które są tam na stole.
Please help yourself to the apples, wines and cheeses that are there on the table.

5) Dzieci, wycierajcie się tylko tymi niebieskimi ręcznikami.
Children, just dry yourselves with those blue towels.

Chapter 17

I. —

II. 1) Białowieża to jest park narodowy.
2) W Białowieży są rzadkie gatunki zwierząt i roślin.
3) Państwo Waters nie poszli lasem na przełaj, bo nie mieli odpowiednich butów.
4) Nie, państwo Waters nie zobaczyli żubra.
5) Jill zapachniała koniczyna na polance.
6) Tak, Jack i Jill zauważyli maliny i jeżyny w lesie.
7) W drodze powrotnej do samochodu Jill myślała o wygodniejszych butach.

III.1) chcieliby	They would like to go with us to the movies.
2) Gdybyśmy mogli moglibyśmy	If we could get up earlier, we would be able to work longer.
3) chciałabyś	Would you like to listen to this record with me?
4) zrobiliśmy	What would we do without him?
5) Gdybyś był mógłbym	If you would be quiet I would be able to study.

IV.1) najechał	The tractor ran over the snake.
2) przejechały	The tanks rolled through the town yesterday.

3) przepłyną — The dolphins will swim through the strait tomorrow.

4) przechodzisz — Do you cross this street often?

5) wpływa — The water slowly flows into this lake.

V. 1) kotach — John always tells me about his cats.

2) mieszkaniach — The police found a lot of weapons in his apartments.

3) jakich książkach — Which books are you talking about?

4) ławkach — The old people sat down on the benches.

5) polskich świętach — Do you know anything about Polish holidays?

VI. 1) lis kruka — The fox caught the raven.

2) słoń lwa — The elephant is stronger than the lion.

3) koty myszy — Cats like to catch mice.

4) rekinów wielorybów — There aren't as many sharks and whales anymore as (there were) in the nineteenth century.

5) małpie ośmiornicy — LaFontaine wrote a tale about the monkey, but wrote nothing about the octopus.

VII. 1) dzień — We go to school every day.

2) dni — She spends whole days in preparing for the concert.

3) dzień tygodnia — Which day of the week do you like best?

4) tygodniach — Let us not speak anymore about those cold weeks!

5) dni — Jurek is returning home no later than in three days.

VIII. —

Chapter 18

I. —

II 1) Jack i Jill odwiedzą krewnych Jill, państwa Sierakowskich, w Milanówku.
2) Oprócz ogrodu warzywnego państwo Sierakowscy mają sad.
3) W ogrodzie cioci Jill rosną pomidory, kartofle, marchewka i kapusta.
4) Jack najbardziej lubi jeść pomidory.
5) Jack i Jill pobiegli do domu, bo zaczął padać deszcz.

III.1) Biegnąca The running girl fell.
2) Wiszące The hanging apple was ripe.
3) chodzący The people walking on the beach were eating sandwiches.
4) Kraczący The crowing crow dropped the cheese from its beak.
5) grającego Jurek listened to the playing guitarist.
6) czekającej Please give this letter to that waiting lady.
7) kaszlącym Grandfather was talking (telling a story) about a coughing horse.
8) płynących The sailing yachts can't be seen from here.
9) schnącą He wanted to cover himself with the drying comforter.
10) żyjących She is one of the living heroines of World War II.

IV. 1) Dzieci! Children! Listen!
2) mój miły Oh, my dear man!
3) Przyjaciele! Rzymianie! Rodacy! Friends! Romans! Countrymen! Lend me your ears!
4) Ptaki! Birds! Fly south!
5) Pola! Moje pola! Oh fields, my fields! You're covered with snow again!

V. 1) —

VI. 1) pierwszym He is top (first) student in his class.
2) drugiemu Please take this letter to that man second in line.
3) piątej We are going for pizza at five o'clock.
4) trzecie Anna won third place in the beauty contest.
5) dziesiąty I'm calling the children to dinner for the tenth time.

VII.1) W zimie It is very cold in winter in Poland.
2) lecie Richard told us nothing about his summer in the country.
3) Wiosna Spring is my favorite season of the year.
4) jesień Autumn is beautiful in Poland.
5) wiosnę, lato, zimę czy jesień What do you prefer: spring, summer, winter or autumn?

VIII. —

Chapter 19

I. —

II. 1) Żelazowa Wola leży sześćdziesiąt kilometrów od Warszawy.
2) Chopin żył w dziewiętnastym wieku.
3) Chopin urodził się w 1810 roku.
4) Jack i Jill zapomnieli wziąć aparat fotograficzny.
5) Chopin umarł w Paryżu.

III. 1) czytając Edward fell asleep in the armchair while reading the newspaper.
2) Biegnąc While running he stumbled and fell.
3) Czekając While waiting for the plane he talked with the stewardess.

4) wiedząc It seemed to me that, knowing about the rain, you wouldn't go without an umbrella.
5) Jedząc While eating breakfast we listened to the news.

IV. 1) Powiedziawszy Having had his say he got up and walked out of the room.
2) Zajechawszy Having arrived in Florida by car, he rented a house on the ocean.
3) Ująwszy Having taken her by the hand, he wiped the tears from her eyes with a handkerchief.
4) Dopłynąwszy Having sailed to the bay, the admiral's fleet furled its sails.
5) zapisawszy After class, having written down the assignment, Zosia went to dinner.

V. 1) bez śladu
2) przy ścianie
3) od ojca
4) Oprócz dziecka
5) u dentysty.

VI.1) mniej The second operation was less painful than the first.
2) bardziej Attila was more wild than Genghis-Khan.
3) mnie The sky is less blue today than yesterday.
4) bardziej Zosia's hair is softer after using the new shampoo.
5) mnie bardziej What do you think, does this model have a worse or better figure than that one?

VII.1) Moje urodziny są dziewiątego kwietnia.
2) W tym roku Boże Narodzenie będzie w piątek, dwudziestego piątego grudnia.
3) George Washington urodził się w tysiąc siedemset trzydziestym drugim roku.
4) Pierwszy dzień lata jest dwudziestego pierwszego czerwca.

5) Druga Wojna Światowa rozpoczęła się pierwszego września tysiąc dziewięćset trzydziestego dziewiątego roku.

VIII. —

Chapter 20

I. —

II. 1) Król zamieszkał na stałe na zamku w Warszawie w tysiąc sześćset jedenastym roku.
2) Kolumna Zygmunta stoi w Warszawie.
3) Tak, z okien pałacu królewskiego w Warszawie widać rzekę.
4) Po obejrzeniu zamku królewskiego Państwo Waters zobaczyli Katedrę Świętego Jana.
5) Malarz, którego Jack i Jill oglądali na zamku krolewskim w Warszawie, nazywał się Canaletto.

III. 1) miasto	The girls went out on the town.
2) jezioro	We went to the lake yesterday.
3) domem	The old tree stands in front of the house.
4) czerwcu	It is hot in June.
5) stołem	The spoon is lying under the table.

IV. 1) Sześćset trzydziesty trzeci żołnierz.
2) Jedenaście tysięcy siedemset piętnaście i sześć tysięcy dziewięćdziesiąt osiem jest siedemnaście tysięcy osiemset trzynaście.
3) To jest mój tysiąc pierwszy "home run".
4) Pięćdziesiąt cztery tysiące pięćset pięćdziesiąt pięć ludzy zginęło w burzy.
5) Bank ma szesnaście miliardów dolarów.

V. 1) szybciej	The plane flew ever faster.
2) gorzej	It was so bad that it could not have been worse.

3) drożej — They paid more for their carpet than we did.
4) więcej — My son ate more than your son.
5) wolniej wolniej — The tired elephant walked slower and slower.

VI. 1) Kłosowską — Did you see Danuta Klosowska today?
2) Lubomirscy Połonieckimi — In the parade the Lubomirskis rode with the Połonieckis.
3) Pawęskiej — Tell me about Barbara Pawęska.
4) Łuckiemu — Please give this letter to Mr. Łucki.
5) Morskie — The Morski ladies ate dinner at three.

Chapter 21

I. —

II. 1) Państwo Waters nie mieli dosyć miejsca w walizkach na swoje rzeczy.
2) Wszystkie książki były w dużej walizce.
3) Państwo Sierakowscy odwieźli Jack i Jill na lotnisko.
4) Państwo Waters przeszli przez odprawę celną o dziesiątej rano.
5)Tak, państwo Waters chcą wrócić do Polski.

III.1) Te ptaki śpiewają w nocy.
2) Opowiedział nam o zimnych nocach na Alasce.
3) Sejm omówił (przedyskutował) trzy sprawy.
4) Czy widzisz tam tę dużą rzecz?
5) Spali pięć nocy.

IV. 1) najwięcej — Perfumes cost the most in that store.
2) najszybciej — Of all his friends he runs the fastest.

3) najlepiej — Paganini, in his time, played the violin the best of all.

4) najchłodniej — It is cold in Alaska, but in Antarctica it is the coldest.

5) najmniej — He talks the least of all.

V. 1) Nigdzie nie — She can't be found anywhere.

2) nigdy nie — We never go out for a walk without an umbrella.

3) Nie ani — Róża was neither in the park nor at the lake.

4) nigdy nie — I never know what to say when I get a gift.

VI. 1) przy garażu — Izabela parked her car next to the garage.

2) O żołnierzu — They knew nothing about the soldier.

3) W tej górze — There is a lot of gold in this mountain.

4) na włosach — His father placed his hand on his hair.

5) W Londynie po francusku — Few people in London speak French.

Review and Self-Assessment Test for Chapters 16-21

Section I

A. 1) Przed 1611 rokiem król Polski mieszkał w Krakowie.
2) Jack Waters lubi bardziej zamek królewski w Krakowie.
3) Stolica Polski nazywa się Warszawa.
4) Po obejrzeniu obrazów na zamku królewskim w Warszawie Jack i Jill poszli do Katedry Świętego Jana.
5) Tak, z zamku widać Wisłę.

B. 1) —

Section II

A. 1) odpłynął — The ship sailed to New York at eight p.m.
2) podchodzić — The fox likes to stalk the hens.
3) Podjedź — Drive up to the house with your car, because it is raining.
4) przeleciał — Our airplane flew through the clouds.
5) przechodzisz — Be careful when you cross the street.

B. 1) końmi — One hundred years ago people often travelled by horse.
2) Ludzie! — People! Why do you stand and gape?
3) domach — There was nothing about houses in our conversation.
4) ptaki — The buckshot hit the birds.
5) ptaki — The buckshot was stuck in the birds.

C. 1) szesnastym — Abraham Lincoln was the sixteenth president of the United States.
2) o siódmej godzinie — We always eat supper at seven o'clock.
3) Dziewięćset sześćset tysiąc pięćset
Nine hundred plus six hundred equals one thousand five hundred.
4) pięćsetna — 1992 marked the five hundredth anniversary of the discovery of America.
5) pięciu dwie — Ola has five brothers and two sisters.

D. 1) Myjący się — The washing cat looks at the mouse.
2) pływające — The children swimming in the pool are from another town.
3) czytając — Uncle fell asleep on the sofa while reading Mickiewicz.
4) Jadąc — While riding to the airport the boys listened to the radio.
5) Podbiegłszy — Having run up to the forest, the horse stopped.

E. 1) kaczkę The duck is visible from afar.
2) krowie Janek will give his cow more grass tomorrow.
3) o kwiatach Zosia likes to talk best about the flowers in her garden.
4) śliwkami, jabłkami i innymi owocami
Yesterday Jack was on the farm and stuffed himself with plums, apples and other fruit.
5) drzewa i krzaki Tall trees and bushes grow in the forest.

F. 1) najbardziej Ryszard is the most modest person I know.
2) najmniej This peasant has the least fertile land in the whole village.
3) bardziej Johna mniej
Iwona is more talented than John, but less gifted than Jerzy.
4) mniej niż The fragrance of the rose is less strong than the fragrance of the raspberry.
5) bardziej niż Yesterday the movie was more interesting than "Star Wars".

G. 1) starzej Róża looks older than Malina.
2) mniej There is less and less ozone in the stratosphere.
3) najszybciej Ben Johnson ran the fastest of all the runners.
4) bardziej The icicle grew smaller and smaller until it disappeared.
5) najmilej It is nice at Robert's, but it is the nicest at Bronisława's.

H. 1) nie ani ani The ball is neither under the bed nor under the table.
2) nigdy nie On nigdy nie je obiadu z nami.
3) nigdzie nie Misia did not want to go anywhere with her brother.
4) Nigdy nie I never know what he is doing.
5) Ani ani nie Neither Washington nor Congress knew who would win the war.